LA MARAVILLA
DE LA GRACIA

Un viaje **devocional de 40 días**

RICH MILLER

LA MARAVILLA DE LA GRACIA
Un viaje devocional de 40 días
Derechos de autor © Rich Miller 2024.
El derecho de Rich Miller a ser identificado como autor de este trabajo ha sido validado.

Esta es una versión actualizada del libro en inglés «**40 Days of Grace: Discovering God's Liberating Love**» («*40 Días de Gracia: Descubriendo el amor liberador de Dios*»), de Rich Miller, publicado en inglés originalmente en 2013 por Monarch Books.

Todos los derechos reservados. Se prohíbe la reproducción de cualquier parte de este libro, el almacenamiento en cualquier sistema, o su transmisión en cualquier forma, ya sea electrónica, mecánica, por fotocopia, grabación u otro medio, sin el permiso por escrito de la editorial.

Traducción con la ayuda del traductor en línea de WORD

Editor: Isidoro Sarralde Crespo

Revisión: Higinio Félix Alemán y Roberto Reed

Textos bíblicos tomados de La Biblia: Nueva Versión Internacional (Copyright © NVI 1999, 2005, 2017 o NVI 1999, 2005, 2017 castellano peninsular por Biblica, Inc. ®). Usado con el permiso de Biblica, Inc.®. Todos los derechos reservados.

Los textos marcados con (LBLA) son tomados de La Biblia de las Américas (LBLA). Copyright © 1986, 1995, 1997 por The Lockman Foundation. Usado con permiso. Todos los derechos reservados.

Los textos marcados con (NTV) son de La Santa Biblia, Nueva Traducción Viviente, © Tyndale House Foundation, 2010. Usado con permiso. Todos los derechos reservados.

Publicado por Libertad en Cristo Internacional
Ministerio Libertad en Cristo International
4 Beacontree Plaza, Gillette Way, Reading RG2 0BS, Reino Unido.
www.libertadencristo.org / www.freedominchrist.org
ISBN: 978-1-913082-98-7

DEDICATORIA

Dedico este libro a mi querida esposa, Shirley. Desde 1989, ella ha sido el corazón de esta familia, brindando cuidado, apoyo, sabiduría, consuelo y risas durante los muchos días en que estuve fuera, absorto en la escritura u ocupado en el ministerio.

Ella es mi amiga más cercana, compañera y amante, quien ha sido como la mujer virtuosa de Proverbios 31 todos estos años. No creo que hubiera sobrevivido a una reciente afección cardíaca, potencialmente mortal, sin su firme presencia.

Aparte de todo lo que hace con la familia y en nuestra iglesia, Shirley tiene un ministerio a tiempo parcial ayudando a los hijos de misioneros de la misión TEAM mientras buscan adaptarse a la vida universitaria en Estados Unidos. Sus correos electrónicos, paquetes de ayuda, tarjetas de regalo y, sobre todo, sus oraciones son regalos de Dios para muchos jóvenes, así como para sus agradecidos padres. Creo que escribiría una tarjeta o enviaría un regalo a todos en este planeta si eso fuera posible.,

Jesucristo vino con gracia y verdad, y envió a Shirley a este mundo, a nuestra familia y a mí personalmente para que pudiéramos conocer un poco mejor cómo se ve su gracia en un mundo a menudo muy descortés.

ÍNDICE

Introducción ....A

PRIMERA SEMANA: LA GRACIA ASOMBROSA........... 1

Día 1: ¡Déjame presentarte a Grace!.....................3
Día 2: ¿Es Dios misericordioso? 9
Día 3: La herida del padre 15
Día 4: Un Dios que celebra..................................23
Día 5: Hay otro hermano 29
Día 6: Obras de gracia 35
Día 7: ¿Qué tiene que ver el amor con esto? 41

SEGUNDA SEMANA:
CANCELAR EL VIAJE DE LA CULPA 47

Día 8: ¡Roto!...49
Día 9: El camino a casa 57
Día 10: El club de la gracia..................................63
Día 11: Cayó el martillo.......................................71
Día 12: Creer en los hechos del perdón 79
Día 13: La defensa descansa..............................87
Día 14: ¿Debe tu conciencia ser tu guía?...........93

TERCERA SEMANA:
DE LA DESGRACIA A LA GRACIA.......................... 101

Día 15: Él te tiene cubierto 103
Día 16: Una segunda oportunidad....................111
Día 17: Libertad de la vergüenza......................119
Día 18: Deja entrar el amor 125
Día 19: Adoptado y aceptado 135
Día 20: Un nuevo nombre 143
Día 21: Desenmascarando al impostor 149

CUARTA SEMANA: DEL TEMOR A LA FE 157

- Día 22: Dios está despierto 159
- Día 23: El arma de adoración..................................165
- Día 24: Entonces, ¿qué es el temor de Dios? 171
- Día 25: Un golpe mortal a la muerte 179
- Día 26: Rompiendo los dientes del temor................185
- Día 27: La línea invisible 193
- Día 28: Dios te cubre las espaldas.........................199

QUINTA SEMANA: EL PODER DE LA HUMILDAD.... 207

- Día 29: La gracia fluye cuesta abajo.....................209
- Día 30: ¿Es el orgullo algo bueno? 217
- Día 31: ¿Mi voluntad o tu voluntad?......................225
- Día 32: Fuera de control 231
- Día 33: ¿Cooperación o competencia?..................239
- Día 34: Comunidad real 245
- Día 35: Rompiendo el lomo de los prejuicios 251

SEXTA SEMANA: LA VIDA DE GRACIA-REPOSO 257

- Día 36: La invitación 259
- Día 37: Gente de gracia 267
- Día 38: No es tan fácil 275
- Día 39: Viviendo la vida de "gracia-descanso" 281
- Día 40: ¿Realmente vale la pena?..........................289

Palabras finales...297

Agradecimientos...301

Sobre el autor...302

INTRODUCCIÓN

El hecho de que estés leyendo esto significa que estás vivo. Profundo, ¿eh? Bueno, ese es un comentario significativo en el sentido de que estar vivo significa que todavía tienes tiempo para cambiar. Todavía tengo tiempo para cambiar.

¿Necesitas cambiar? Esa pregunta debería ser una obviedad a menos que pienses que eres un regalo de Dios para el mundo o algo así. Pero si no estás seguro de si te toca algún cambio, pregúntale a tu cónyuge o a tus hijos o a tu mejor amigo. Eso debería dejártelo claro.

¿Estamos nosotros dispuestos a cambiar? Ah... Esa es la pregunta más difícil de responder. Me recuerda a una historia contada por el filósofo religioso danés del siglo XVIII, Soren Kierkegaard.

>«Había un pueblo donde sólo vivían patos. Todos los domingos, los patos salían de sus casas y caminaban por la calle principal hasta su iglesia. Caminaban hasta el santuario y se sentaban en cuclillas en sus bancos correspondientes. El coro de patos entra y toma su lugar, luego el pastor de patos se adelanta y abre la Biblia de los patos. Les lee:
>
>«¡Patos! ¡Dios les ha dado alas! ¡Con alas pueden volar! Con alas pueden remontarse y elevarse como águilas. ¡Ningún muro puede confinarlos! ¡Ninguna cerca puede detenerlos! Tienen alas. Dios les ha dado alas y pueden volar como pájaros».
>
>Todos los patos gritaron «¡AMÉN!» ... y todos regresaron a casa caminando como patos».[1]

---

1. Adaptación de Greg Morris, «Why Waddle When You Can Fly!» («Por qué caminar cuando puedes volar») *Leadership Dynamics* e-newsletter, May 22, 2009, https://leadershipdynamics.wordpress.com/2009/05/22/why-waddle-when-you-can-fly/.

Esta historia es divertida, pero es tan real, tan típica de cómo somos. Que se nos diga lo que debemos hacer, incluso por un gran predicador, no significa que lo hagamos. Tenemos que querer cambiar y ver nuestra necesidad de cambiar. Y seamos sinceros. A la mayoría de nosotros no nos gusta cambiar. Aunque lo que estemos haciendo sea defectuoso, al menos es familiar. Es un poco aterrador y parece mucho trabajo renunciar a lo que estamos acostumbrados a hacer, a pesar de que podamos ser dolorosamente conscientes de que no esté funcionando muy bien.

Tal vez la forma en que te relacionas con Dios no está funcionando particularmente bien.

Hay dos enfoques fundamentalmente diferentes para vivir la vida en relación con Dios, aparte, por supuesto, de simplemente tratar de ignorarlo y vivir como si él no existiera. Esa estrategia, por cierto, no es recomendable.

El primer enfoque es saltar de un lado a otro, tratando de impresionar a Dios con quién eres y lo que puedes hacer, con la esperanza de que él te elija para su equipo o te mantenga en el equipo, por así decirlo.

La segunda es relacionarse con él sobre la base de la gracia.

Aunque el primer enfoque tiene sentido a primera vista (ya que es la forma en que nos hacemos notar en este mundo), viene con una gran cantidad de equipaje. Pero si vamos a cambiar esta forma de relacionarnos con Dios, necesitamos enfrentar algunas de las cargas más pesadas que genera esa forma de vida, a saber, la culpa, la vergüenza, el temor y el orgullo, y descubrir la salida. Lo haremos en las próximas páginas.

El camino de la gracia es mucho más sutil, pero es el camino que Dios ha elegido para obrar. Terminaremos este libro mirando cómo vivir en gracia en lugar de vivir en vergüenza, *y tendrás la oportunidad de elegir, la oportunidad de cambiar.* En otras palabras, puedes caminar o puedes volar.

Uno de los seguidores de Jesús, Juan, escribió:

>«pues la Ley fue dada por medio de Moisés,

mientras que la gracia y la verdad nos han llegado por medio de Jesucristo». (Juan 1:17)

La gracia y la verdad, a pesar de lo que algunos puedan pensar, no son opuestas; son amigas. La gracia es como la atmósfera limpia y rica en oxígeno que respiramos. Es necesario para la vida, para la salud, para el crecimiento. Cuando estás rodeado de gracia, floreces; cuando no lo estás, jadeas por aire. Te sientes como si te estuvieras asfixiando. La vida sin gracia es como el aire contaminado, o peor aún, como el monóxido de carbono. Es posible que ni siquiera te des cuenta de que te está matando espiritualmente hasta que ya sea demasiado tarde.

La verdad, por otro lado, es la base sólida sobre la que estamos, nos movemos y vivimos. Es *tierra firme* espiritual. Cuando la verdad no está presente, tropiezas una y otra vez con obstáculos ocultos. Caes en baches y pozos, te tuerces el tobillo, te rompes la pierna. Sin tierra firme es imposible estar en pie o caminar. En su más severa ausencia, un camino sin verdad se convierte en una trampa de arenas movedizas espirituales que te atraparán y asfixiarán a menos que encuentres verdadera ayuda.

Necesitamos tanto la gracia como la verdad para vivir. En otras palabras, necesitamos a Jesús. ¿Estás dispuesto a dejar que Jesús te muestre cómo vivir en lugar de andar de la manera que naturalmente te parezca mejor? En otras palabras, ¿estás dispuesto a cambiar?

Pero me estoy adelantando. Te dejaré el camino a ti y dejaré que saques tus propias conclusiones durante estos *40 días de gracia*. En estas páginas he tratado de enseñar la verdad acerca de la gracia para que este viaje de 40 días sea cual sea el camino que finalmente elijas tomar, sea una caminata rápida en un camino firme con toneladas de aire fresco para disfrutar.

Encontrarás bifurcaciones en el camino a medida que viajas. No siempre es fácil tomar el camino correcto. Es el camino menos transitado. Es el camino de la gracia.

PRIMERA SEMANA:

GRACIA ASOMBROSA

DÍA 1

¡DÉJAME PRESENTARTE A GRACE!

Me casé cuando tenía treinta y cinco años, en 1989. Mi esposa se llama Shirley Grace, y estoy muy contento de haberme casado con ella, ¡porque Dios sabía con seguridad que necesitaba mucha gracia!

La primera vez que conocí a Shirley fue diez años antes de casarnos, en 1979. Estaba sentada junto a una piscina en Myrtle Beach, Carolina del Sur. Tenía veinticinco años y era una joven hermosa. Era (¡y es!) preciosa. ¡Eso fue lo primero que noté de ella! Poco después, por supuesto, llegué a conocer y apreciar su carácter alegre, su espíritu amable y cariñoso, y también su corazón celoso por Jesús.

Ahora, es posible que te preguntes: «Si ella era tan increíble por dentro y por fuera, ¿por qué te tomó tanto tiempo casarte con ella?» ¡Buena pregunta!

Hay muchas razones: el ajetreo de la vida, no vivir cerca el uno del otro, mi necesidad de crecer de alguna manera, por nombrar algunas. Pero la razón principal era que estaba acostumbrado a vivir solo, y la idea de estar casado era un poco aterradora. Décadas después, no puedo imaginar vivir sin ella, pero en ese entonces no tenía idea de lo bueno que sería.

Dios nos ofrece una nueva vida de gracia y, sin embargo, muchos del pueblo de Dios todavía parecen vivir la vida como personas independientes y «solteras». ¿Por qué? Si la gracia de Dios es tan asombrosa por dentro y por fuera, ¿por qué a muchos de nosotros nos lleva tanto tiempo llegar a vivir por y en la gracia? ¡Buena pregunta!

Este podría ser un muy buen momento para presentarte la gracia. Tal vez le hayas «conocido» antes, pero a través del ajetreo de la vida, el no pasar mucho tiempo juntos y tu necesidad de crecer de alguna manera, la gracia y tú habéis caído en tiempos difíciles. Tal vez, la idea de vivir por la gracia de Dios, en lugar de vivir de forma independiente y con tus propios recursos, parece un poco aterradora.

Romanos 5:1-2 dice:

> «En consecuencia, ya que hemos sido justificados mediante la fe, tenemos paz con Dios por medio de nuestro Señor Jesucristo. También por medio de él, y mediante la fe, tenemos acceso a esta gracia en la cual nos mantenemos firmes. Así que nos regocijamos en la esperanza de alcanzar la gloria de Dios».

Hablaremos más adelante acerca de ser justificados (hechos no culpables) por la fe, así que aférrate a esa parte. Pero, así como somos introducidos y entramos en una vida libre de culpa por fe, así también obtenemos nuestra introducción en la gracia de Dios por fe.

Es posible que estés familiarizado con Efesios 2:8-9:

> «Porque por gracia ustedes han sido salvados mediante la fe. Esto no procede de ustedes, sino que es el regalo de Dios y no por obras, para que nadie se jacte».

Podría ser útil traducir este versículo a una ecuación de tipo matemático:

La gracia de Dios + Nuestra fe en Jesús = Ser salvados o rescatados del pecado y su castigo

La idea en Efesios 2 de que nuestro rescate del pecado es un regalo de Dios es muy importante. Eso es realmente lo que es la gracia: un regalo gratuito que no merecemos. Algunos lo definen como "favor inmerecido". ***En resumen, la gracia es Dios dándonos gratuitamente lo que no merecemos y no podemos encontrar por nuestra cuenta, pero que necesitamos desesperadamente.***

Bastante sorprendente, ¿no?

Obtenemos nuestra entrada a la gracia de Dios cuando, por fe, recibimos el regalo gratuito de Dios del perdón en Cristo. Nos alejamos de nuestro estilo de vida egocéntrico e independiente (la Biblia llama a esto pecado) y nos damos cuenta de que su muerte en la cruz fue el pago completo por nuestros pecados. En respuesta, abrimos nuestros corazones a Jesús para que nos perdone y se haga cargo de nuestras vidas, creyendo que él resucitó de entre los muertos y ahora está muy vivo.

Como cualquier don, la gracia de Dios debe ser recibida. Pero a diferencia de un regalo de Navidad o un regalo de cumpleaños, que podemos ver, el regalo del perdón de Dios (su gracia) no es visible. Por lo tanto, no debe ser recibido por la vista, sino por la fe. Por "fe" quiero decir que creemos que Dios nos está diciendo la verdad y que él es quien dice ser y hará lo que dice que hará, y le decimos "sí". Creemos. Eso es fe.

¿Alguna vez has recibido este regalo gratuito de Dios? Si es así, ¡ya has entrado a la gracia! Si no lo has hecho, te animo a que lo hagas tan pronto como tu corazón esté abierto.

Para quienes ya han entrado, ¿cómo va tu «relación» con la gracia? Sé que muchos que comenzaron bien, que están emocionados y agradecidos por la gracia salvadora y sanadora de Dios, de alguna manera se alejan de ella en algún momento. Lo más probable es que ni siquiera se den cuenta de que se han desviado del camino.

Es como si gradualmente nos engañaran para que creyéramos que, en algún momento del curso de la vida, Dios cambió las reglas. Comenzamos confiando solo en Dios para que nos suministre lo que necesitamos para permitirnos vivir la vida cristiana, pero luego, en el camino, llegamos a creer que «depende de nosotros» hacer que la vida cristiana funcione. El apóstol Pablo no podía entender cómo y por qué algunos de sus amigos habían hecho ese mal giro, alejándose de la gracia y la fe. Escribió:

> «Esto es lo único que quiero averiguar de vosotros: ¿recibisteis el Espíritu por las obras de la ley, o por el oír con fe? ¿Tan insensatos sois? Habiendo comenzado por el Espíritu, ¿vais a terminar ahora por la carne?». (Gálatas 3:2-3 LBLA)

En este caso, la «carne» podría parafrasearse como «tu propio esfuerzo humano». La forma en que funciona es simple. Vienes a Jesús y recibes por fe su regalo gratuito (gracia) de rescate del castigo del pecado. Y Dios te da el Espíritu Santo en ese momento, por fe. Entonces creces en Cristo de la misma manera: Dios te da todo lo que necesitas en amor, poder y sabiduría como un don de gracia, y caminas (vives) en su provisión, por fe. Pablo escribe en otra parte:

> «Por eso, de la manera que recibieron a Cristo Jesús como Señor, vivan ahora en él». (Colosenses 2:6)

¿Cómo recibiste a Cristo Jesús, el Señor? Por gracia, a través de la fe. Entonces, ¿cómo caminas (vives la vida) en Cristo? Por gracia, a través de la fe. Dios provee lo que necesitamos (esto incluye una comunidad de fe, llamada iglesia), y vivimos nuestras vidas totalmente dependientes de su provisión. Como dije, es simple. ¿Por qué a menudo lo hacemos tan complejo?

Tal vez esta sea tu entrada a la gracia. O tal vez estés comenzando a reencontrarte, reavivando una vieja llama, por así decirlo. De cualquier manera, bienvenido.

He estado casado durante bastantes años. He estado en Cristo, viviendo por fe en su gracia, incluso por más tiempo. En ambos casos, no me imagino viviendo de otra manera.

PIENSA Y PROCESA:

Vivir por gracia no termina cuando vienes a Cristo; ¡eso es solo el comienzo!

RECUERDA ESTA VERDAD:

«También por medio de él [Cristo], y mediante la fe, tenemos acceso a esta gracia en la cual nos mantenemos firmes...». (Romanos 5:2)

PREGUNTAS PARA REFLEXIONAR:

¿Cómo describirías tu relación con la gracia? ¿Extraños? ¿Conocidos educados? ¿Amigos cercanos? ¿Enamorados? ¿No estás en una relación? ¿Algo más?

HABLA CON DIOS:

Padre, es muy fácil volver a pensar que esta vida depende de mí. Después de todo, casi desde el momento en que nací, todo el sistema mundial está diseñado para que aprenda a vivir la vida por mi cuenta, a no depender de nadie, a ser «adulto», lo que se traduce en volverme cada vez más y más autosuficiente. Sé que no hay manera de que pueda salvarme a mí mismo, de modo que es fácil ver cuánto te necesito. Pero no lo es. ¿Es un signo de debilidad tener que vivir por fe en tu gracia en cada momento de cada día? Supongo que tengo que admitir que mi relación con la gracia necesita algo de trabajo. Realmente espero que puedas ser paciente conmigo mientras aprendo a caminar por esta gracia en la que ahora estoy. ¿Eres lo suficientemente amable como para no enfadarte conmigo a pesar de que empiezo paso a paso? La Biblia dice que eres amable y paciente y todo eso, pero a veces dudo. Gracias por escucharme. Amén.

DÍA 2

¿ES DIOS MISERICORDIOSO?

Para ser sincera contigo, no he pensado mucho en Dios últimamente». Esa fue la honesta admisión de la señora que iba sentada en el asiento del pasillo mientras volábamos desde Atlanta. Yo estaba junto a la ventana, agradecido por el espacio adicional para los codos que ofrecía el asiento vacío del medio. Le había hecho saber que mi trabajo consistía básicamente en ayudar a las personas a "desatascarse" y experimentar lo máximo que la vida tiene para ofrecer al conocer a Dios. Me di cuenta de que tenía curiosidad, aunque era escéptica.

Mi abuela nos impuso la religión a todos, y nadie tuvo la valentía de rechazarla», continuó. «¡Probablemente esto fue inteligente, ya que creo que podría habernos azotado a todos!». Sonrió mientras volvía a contar las historias de las increíbles hazañas culinarias de su abuela y la forma en que preparaba comidas de categoría para todo su clan. ¡Casi podía oler la lasaña!

Estaba claro que la abuela de esta mujer, aunque era una gran cocinera, era la estricta matriarca de la familia, y lo que quería, lo conseguía. Así que toda la familia iba obedientemente a la iglesia los domingos, días festivos y en bodas, funerales y bautizos.

Harta de la iglesia, de Dios y de todo lo que tuviera que ver con la religión, Valerie (nombre ficticio) había huido de la sofocante tradición religiosa de su familia tan pronto como creció.

Cuando el humo se disipó y el polvo se asentó de sus experiencias infantiles, Valerie había llegado a una conclusión muy clara: si Dios tenía algo que ver con la religión sofocante y forzada de su abuela, ella no quería tener nada que ver con él.

Y tuve que aceptar. Tampoco querría tener nada que ver con un Dios ultra religioso y castigador como ese. Pero en el siguiente suspiro, le aseguré que Dios no es así en absoluto.

Cuando me miró, no creo que me equivocara al pensar que veía algo diferente en su rostro. Creo que fue *esperanza*.

Sintiendo que probablemente sabía muy poco sobre la Biblia, comencé a contar historias de los evangelios. Le conté cómo a Jesús le encantaba sanar a la gente en el día de reposo y cómo eso volvía locos a los religiosos porque tenían a Dios hecho a su medida. Pensaban que le entendían y su visión limitada de Dios no incluía ningún tipo de trabajo, ni de Dios ni de nadie más, en el shabat (sábado). ¡Supongo que Jesús nunca recibió ese memorándum!

Le conté la historia de cómo una mujer sorprendida en adulterio había sido arrastrada a Jesús y cómo los hombres de esa ciudad desafiaron al Señor con el requisito legal judío de que ella fuera apedreada. Y entonces todos los hombres se alejaron, soltando sus piedras y abandonando sus acusaciones contra la mujer, porque Jesús desafió al que estaba libre de pecado a arrojar la primera piedra. Bastante astuto. Verás, la Ley requería al menos dos testigos para condenar, y cuando Jesús era el único que quedaba, ya no había ningún «quórum» legal para condenarla. En cambio, Jesús le dio una nueva oportunidad en la vida, una segunda oportunidad para vivir de la manera correcta, que era su plan todo el tiempo.

Valerie lo bebía todo como si fuera un suelo sediento absorbiendo agua de lluvia. Su rostro enviaba dos mensajes: «¿Podría Dios realmente ser así?» y «¡Cuéntame más!».

Así lo hice.

Estaba casi llorando cuando conté que nuestro Señor limpió a los más humildes de los humildes de entonces, los leprosos, tocándolos cuando otros corrían para salvar sus vidas por temor a contraer su enfermedad. Luego vino la historia de la mujer pecadora que ungió a Jesús con un perfume caro y a quien Jesús despidió en paz debido a su fe. Y así seguí compartiendo, con una pasión que solo podía provenir del Espíritu del Señor.

—Nunca había oído estas cosas antes — dijo ella, negando con la cabeza —. «Esta es una imagen de Dios muy diferente a la que me enseñaron».

Mientras nos preparábamos para aterrizar, me volví hacia Valerie y le dije: «Creo que es hora de que llegues a conocer a Dios tal como es realmente en lugar de como te han enseñado».

—Creo que me gustaría —concluyó, asintiendo con la cabeza —.

Me pregunto cuántas personas son como esta mujer. Han sido alimentados con una sarta de mentiras religiosas sobre quién es Dios y, comprensiblemente, han salido del escenario de la Iglesia.

Algunas personas han leído o escuchado fragmentos del Antiguo Testamento y se han formado una imagen de Dios como un Dios enojado, iracundo y castigador. Luego escuchan historias sobre Jesús que parecen indicar que él es muy diferente a eso: amable, misericordioso y cariñoso. Y por eso están confundidos. Se encogen de temor del Dios del Antiguo Testamento mientras esperan clemencia del Jesús del Nuevo Testamento. Como resultado, muchos experimentan la religión como un intento de evitar o apaciguar a un Padre enojado, mientras esperan que el manso y apacible Jesús tome su causa y los ayude a entrar al cielo de alguna manera.

¡Qué lío religioso!

Es interesante notar que cuando Moisés se acercó mucho al Dios del Antiguo Testamento y pidió ver su gloria, el Señor mismo hizo que toda su bondad pasara ante él. Dado que la gloria de Dios es demasiado para que un simple mortal la maneje, Dios lo protegió y luego le permitió a Moisés verle la espalda. A medida que el Señor pasaba, Dios se describía a sí mismo. Y esto es lo que dijo en Éxodo 34:6-7:

> «pasando delante de él, proclamó:
> —El Señor, el Señor, Dios compasivo y misericordioso, lento para la ira y grande en amor y fidelidad, que mantiene su amor hasta mil generaciones después y que perdona la maldad, la rebelión y el pecado; pero no tendrá por inocente al culpable...».

La forma en que muchas personas describirían a Dios sonaría más como:

> «El SEÑOR, el SEÑOR Dios, lleno de ira y furor. Si tienes mucho cuidado con lo que haces y siempre te lavas las manos, es posible que lo consigas. Pero yo no contaría con ello porque el Señor sabe cuánto metes la pata...».

¿Cómo se identificó Dios a sí mismo en sus propias palabras a Moisés? Compasivo. Cortés. Lento para la ira. Abundante en misericordia y verdad. Perdonador. Y sí, él castigará a aquellos que son culpables y que lo rechazan, pero ¿realmente tendrías respeto por un Dios que tomase en serio el pecado y que permitiera a la raza humana salirse con la suya con el asesinato?

Varias veces en los Salmos, se identifica a Dios en términos similares a como se reveló a Moisés. El Salmo 145:8-9 es uno de ellos:

> «El Señor es misericordioso y compasivo, lento para la ira y grande en amor. El Señor es bueno con todos; él tiene misericordia de todas sus obras».

¿Y qué hay de Jesús? ¿Es él de alguna manera diferente al Dios del Antiguo Testamento? En realidad, aunque sea una sorpresa para muchos, son exactamente iguales. Jesús le dijo a Felipe:

> «El que me ha visto a mí, ha visto al Padre».
> (Juan 14:9)

Así que ahí lo tienes. Jesús es como el Padre y el Padre es como Jesús. Son idénticos en naturaleza. Y Dios, por cierto, nunca cambia (Malaquías 3:6), y Jesús tampoco lo hace (Hebreos 13:8). Por lo tanto, podemos concluir que, en naturaleza y carácter, el Dios del Antiguo Testamento es el mismo que el Dios del Nuevo Testamento, y Dios el Padre es el mismo que Dios el Hijo, el Señor Jesucristo. Y Dios es misericordioso y compasivo.

Y, si Valerie lo busca, lo encontrará. Y se llenará de alegría. Y tú también lo harás, porque él es misericordioso.

PIENSA Y PROCESA:

Dios el Padre y Jesucristo tienen la misma naturaleza, y son misericordiosos y compasivos.

RECUERDA ESTA VERDAD:

«El que me ha visto a mí, ha visto al Padre».
(Palabras de Jesús en Juan 14:9)

PREGUNTAS PARA REFLEXIONAR:

¿Ves a Dios como alguien a quien acudir porque es misericordioso y compasivo, o tienes temor de que esté enojado, frustrado o disgustado contigo?

HABLA CON DIOS:

Querido Padre, me pregunto si te das cuenta de lo difícil que es hablar con alguien a quien no puedo ver ni oír. Perdóname si las palabras de mis oraciones no tienen mucho sentido para ti. Supongo que aprenderé a orar mejor cuanto más practique. De todos modos, tengo que admitir que algunas de las historias de la Biblia son bastante aterradoras. Después de todo, tú tenías la costumbre en el Antiguo Testamento de exterminar a un gran número de personas. Es cierto que eran muy malvados, pero me da temor que me veas como ellos, y entonces todo se acabaría. Y, sin embargo, la Biblia dice que tú eres misericordioso y compasivo. Es un poco difícil de entender todo eso, pero quiero. Y puedo ver que Jesús es realmente paciente y amable. Darme cuenta de que tú y Jesús sois lo mismo y que, por lo tanto, también eres paciente y amable, y que realmente te preocupas por mí, bueno…, eso es bastante alucinante. Pero supongo que no debería sorprenderme que haya cosas sobre ti que no puedo entender, ya que tú eres Dios y yo no lo soy. Ayúdame a ver eso como algo bueno. Gracias de nuevo por escucharme. Amén.

DÍA 3

LA HERIDA DEL PADRE

El autor John Eldredge popularizó el término "la herida del padre" para describir el daño profundo y central causado por los padres que abusan, descuidan, abandonan o simplemente no están presentes o involucrados de manera saludable con sus hijos. ¿El resultado? Toda una caja de Pandora de dolor, sufrimiento y «portarse mal», dañando la vida de esos niños. Además, el ciclo de herir, a menudo se transmite a las siguientes generaciones, al margen de la gracia de Dios.

Un día estaba charlando con un amigo cercano de mi hijo Brian sobre sus antecedentes familiares. William (nombre ficticio) había vivido en Los Ángeles desde el principio de su vida, pero a la edad de tres años sus padres se habían divorciado y su madre se había mudado al este, a Carolina del Norte, con él. Finalmente se volvió a casar, al igual que su padre, por lo que William tiene un conjunto de medio hermanos y medio hermanas en ambas costas. La mayor parte de su familia extendida todavía vive en Los Ángeles, y estaba un poco triste de que este fuera el primer año que no viajaría allí para verlos a todos. Por lo general, lo hacía durante unas tres semanas cada verano.

«Cuando sales por ahí, ¿te quedas con tu papá?» — le pregunté a William.

«Por lo general, me quedo en diferentes lugares» — respondió, sin mirarme a los ojos.

—Tu relación con tu papá, ¿es cercana? — indagué.

Sacudiendo la cabeza, el joven de diecinueve años respondió en voz baja:

«Mi papá... prácticamente nunca ha estado ahí para mí».

La herida del padre.

Acababa de terminar de asistir a una conferencia de jóvenes en la que había hablado sobre la necesidad crítica de perdonar a aquellos que nos han lastimado. Cuando hago estos eventos, no me involucro en refutar a los padres en general ni a los papás en particular. Después de todo, yo mismo soy padre y papá. Y es un trabajo muy duro. Pero la realidad de la vida es que las personas más cercanas a nosotros tienen la mayor capacidad de herirnos más profundamente, porque contamos con ellos para que nos amen, nos provean y nos protejan. Y dado que los padres son los principales dadores de esas cosas cuando somos niños, también son los padres quienes tienen el mayor potencial para hacer daño durante esos años cruciales y formativos.

Después de terminar la parte de enseñanza de la conferencia, hubo un tiempo para que las personas hablaran sobre lo que Dios había hecho en sus vidas durante el evento. Un joven de unos dieciséis años se levantó y contó su historia de abuso y negligencia en su casa. La multitud de unos ciento cincuenta adolescentes era todo oídos.

«Todos los días durante los últimos ocho años, mi papá me decía que deseaba que nunca hubiera nacido, que había sido un error».

La herida del padre.

Hace varios años, en México, estaba hablando en un evento para los trabajadores cristianos y sus familias. Dado que se trataba de un grupo tan estratégico de hombres y mujeres, me aseguré de sacar tiempo para reunirme individualmente con aquellos que necesitaban y querían atención personal. Una de ellas era una joven de unos veinte años. Resultó que el padre de esta joven (que había muerto antes de nuestro encuentro) había sido en un tiempo el jefe de una importante organización cristiana en esa nación.

Sabiendo que su padre no estaba allí para defenderse, traté de ser objetivo con la descripción que hizo su hija.

«Él siempre se iba y nunca tenía tiempo para mí. Cuando por fin llegaba a casa, le gritaba a mi mamá, me gritaba a mí. Estaba demasiado cansado, ocupado o preocupado para hacer cosas con la familia. Parecía que el ministerio era mucho más importante para él que nosotros».

«Llegué a odiarlo. A pesar de que está muerto, todavía le odio».

No es sorprendente que esta joven hubiera llegado a creer que su Padre celestial era básicamente igual que su padre terrenal. Tenía muy poco interés en Dios.

La herida del padre.

En el pasaje del hijo pródigo que se encuentra en Lucas 15, Jesús contó la historia de dos jóvenes y su padre. El hijo mayor, como tantos primogénitos, era concienzudo, trabajador y obediente. El hijo menor, como tantos otros segundos, era todo lo contrario. ¡Básicamente quería fiesta! Así que tomó su parte de la herencia y se volvió loco hasta que se le acabó el dinero, momento en el que tuvo que ponerse a trabajar alimentando cerdos. Un día recobró el sentido y decidió que era mucho más inteligente volver a casa y convertirse en un asalariado que revolcarse en el lodo y el fango que había hecho de la vida por su cuenta. Así que ensayó las palabras de disculpa que le diría a su padre. Retomemos Lucas 15:20:

> «Así que emprendió el viaje y se fue a su padre. Todavía estaba lejos cuando su padre lo vio y se compadeció de él; salió corriendo a su encuentro, lo abrazó y lo besó».

Puede que te sorprenda saber que la razón por la que Jesús contó esta parábola fue para mostrarnos cómo Dios el Padre nos responde cuando seguimos nuestro propio camino, arruinamos nuestras vidas y luego volvemos a él. El padre de la historia es una imagen de Dios Padre. Y solo a partir de este breve relato de Jesús, podemos decir al menos tres cosas acerca de Dios.

Primero: **Dios nos da libertad para fracasar.**

Aunque era culturalmente muy malo que el hijo menor exigiera su herencia antes de la muerte de su padre, su padre se la dio de todos modos. Y soltó al joven. Podría haberlo controlado y obligarlo a quedarse en casa. Pero no lo hizo. Eso muestra el respeto de Dios por nuestra dignidad como seres humanos, que ha creado a su imagen y semejanza, con la capacidad de elegir hacer el bien o no.

Segundo: **Dios nunca deja de esperar nuestro regreso.**

El padre de la historia vio a su hijo cuando aún estaba muy lejos. Eso significa que lo estaba buscando y nunca había perdido la esperanza de que algún día regresaría. Y Dios está así con nosotros. Él siempre está observando, mirando hacia el camino, anhelando nuestro regreso a él. Pero él espera pacientemente hasta que recobremos el sentido y regresemos a casa por nuestra propia voluntad.

Tercero: **El corazón de Dios es tan grande que casi estalla de alegría cuando volvemos a él.**

El padre de la historia estaba lleno de compasión y no podía esperar a que su hijo regresara. Corrió a su encuentro (algo culturalmente inaceptable en los días de Jesús), lo abrazó y lo besó.

¿Puedes imaginar a Dios de esta manera?

Jesús no estaba contando historias bonitas para provocar en la gente sentimientos tiernos, para que le dieran dinero o algo así. Jesús estaba diciendo la verdad. Él quería que supiéramos cuán loco de amor por nosotros está Dios el Padre.

Un Padre que no inflige herida ninguna.

Después de un mensaje que di sobre perdonar de corazón, un joven se me acercó y me preguntó si podía hablar con su amigo Jonathan (no es su nombre real).

Cuando me acerqué a donde estaba sentado el joven, Jonathan sollozaba tan fuerte que no pudimos entender ni una palabra de lo que estaba tratando de decir. Tuvimos que sentarnos y esperar a que se calmara. Con el tiempo nos dimos cuenta de que había sido profundamente herido por el hecho de que su padre le hiriese continuamente. También estaba muy molesto por el adulterio de este.

Después de tomar un poco de aliento, Jonathan pudo dejar de lado la ira y el odio que sentía y perdonar sinceramente a su padre por esas cosas. Pero Dios había hecho algo sobrenatural para llevarlo a ese punto. Se me acercó tres días después y me lo contó.

En ese mensaje sobre el perdón, había usado la misma historia del hijo pródigo a la que hice referencia en el devocional de hoy. Eso no le sentó bien a Jonathan.

«He odiado esa parábola —confesó— porque todo el mundo la usa y yo la he escuchado mucho».

Sin embargo, queriendo salir de la reunión lo más rápido posible para no tener que escuchar esa odiada parábola, Jonathan se encontró con un problema que no esperaba.

«¡No podía levantarme de mi asiento!», exclamó, con los ojos desorbitados. Podía imaginar a un ángel con un dedo descansando sobre la cabeza de Jonathan, diciendo: «¡No tan rápido, chico!».

La herida del padre se curó.

El hijo menor en la historia de Lucas 15 sabía que podía volver a casa porque su papá estaba lleno de gracia. ¿Sabes que tú también puedes volver a tu Padre celestial porque él está lleno de gracia? Romanos 2:4 dice:

«¿No ves que desprecias las riquezas de la bondad de Dios, de su tolerancia y de su paciencia, al no reconocer que su bondad quiere llevarte al arrepentimiento?».

¿Quién querría volver a un Dios enojado y condenatorio? Nadie. Pero cuando nos damos cuenta de que Dios es bondadoso, paciente, misericordioso y compasivo, ¡no hay nada que nos impida volver a casa con él!

Dios es el Padre que siempre has necesitado y querido. Y puedes volver a casa con él hoy.

PIENSA Y PROCESA:

El corazón y los brazos de Dios están siempre abiertos para ti. Sólo el Padre puede curar la herida del padre.

RECUERDA ESTA VERDAD:

«La bondad de Dios te lleva al arrepentimiento».
(Romanos 2:4)

PRIMERA SEMANA: GRACIA ASOMBROSA

PREGUNTAS PARA REFLEXIONAR:

¿Dónde podrías encontrarte en la historia de Lucas 15?: ¿Ansioso por salir de fiesta por tu cuenta, vivir salvajemente? ¿Te estás quedando sin tiempo y sin dinero, atrapado en una vida sin salida, sabiendo que tu propia tontería te llevó allí? ¿Vas a entrar en razón? ¿Vuelves a casa?

HABLA CON DIOS:

Querido Padre, es bastante sorprendente para mí que tú, el Dios que creó todo el universo y lo mantiene unido sin esfuerzo, seas descrito por tu Hijo como un padre que cuida a su hijo, corre a su encuentro y lo abraza y besa a pesar de que está sucio, maloliente, roto y malo. Supongo que es por eso por lo que lo llaman gracia asombrosa. Esto realmente cambia el juego. Saca la fe del ámbito de la religión estéril y la pone en el fangoso campo de juego de la vida real. Tengo que admitir que ha habido dolor en mi vida, parte del cual ha sido causado por otros y parte causado por mis propias decisiones estúpidas. Pero supongo que ya sabes todo eso. Tal vez estoy empezando a entrar en razón. Al menos, parece que eso podría estar sucediendo. Es bueno saber que cuando regrese a casa, tú serás el primero en recibirme. Amén.

DÍA 4

UN DIOS QUE CELEBRA

No sé tú, pero para mí es difícil, a veces, imaginar a Dios soltándose, riendo, bromeando, celebrando, bailando y siendo el alma de la fiesta. De alguna manera, parece inapropiado e incluso un poco indigno que el Dios del universo actúe de esa manera.

Tal vez he visto demasiadas de esas pinturas insípidas de Jesús, donde se le representa como un hombre blanco demacrado, rubio y de pelo fibroso, que sostiene un cordero y hace ese extraño tipo de signo de paz o *Guerra de las galaxias* con su mano. ¡Por el amor de Dios! Es difícil imaginar a un hombre pasándolo bien mientras lleva un cordero. Y ese halo alrededor de su cabeza..., viendo que entra en la habitación, pienso que arruinaría una fiesta rápidamente.

Si eres de la misma opinión que yo, prepárate para que tu mundo sea sacudido, ¡porque Dios realmente es un Dios que celebra! Si piensas que estoy loco, entonces regresa conmigo a la historia del padre y los dos hijos en Lucas 15. Retomémoslo justo después de que el padre corre a encontrarse con el hijo, lo abraza y lo besa

(¡y esa escena debería haberte avisado de que Dios no es triste, agrio, recto y sombrío!):

> «El joven le dijo: "Papá, he pecado contra el cielo y contra ti. Ya no merezco que se me llame tu hijo". Pero el padre ordenó a sus siervos: "¡Pronto! Traigan la mejor ropa para vestirlo. Pónganle también un anillo en el dedo y sandalias en los pies. Traigan el ternero más gordo y mátenlo para celebrar un banquete. Porque este hijo mío estaba muerto, pero ahora ha vuelto a la vida; se había perdido, pero ha sido hallado". Así que empezaron a hacer fiesta». (Lucas 15:21-24)

Recuerda que Jesús contó esta historia para que los estirados líderes religiosos de la época pudieran ver cómo Dios el Padre responde a sus hijos que regresan a casa con él. Y el texto es claro: ¡Él celebra!

Al leer esta sección de Lucas 15, un par de cosas me llaman la atención.

Primero, el hijo pronunció su discurso y pronunció sus líneas de disculpa sin problemas, pero es casi como si el padre ni siquiera estuviera escuchando. Seamos honestos, si tú o yo tuviéramos un hijo que simplemente hubiera tomado toda nuestra herencia ganada con tanto esfuerzo y la hubiera gastado en alcohol y prostitutas, ¿no crees que hubiéramos querido tener un poco de charla con el muchacho? ¿No es posible que estuviéramos un poco enfadados con el chico? Pero no hay ni rastro de nada de eso con el padre. El padre está tan contento de que su hijo haya vuelto a casa que se convierte en papá, el organizador de fiestas. Organizar una fiesta para un chico que podría describirse fácil y sinceramente como un mocoso egocéntrico, irresponsable y con derechos es lo último que la mayoría de la gente haría. ¡Pero eso es exactamente lo que hizo el padre, representando a Dios el Padre en la historia!

En segundo lugar, la generosidad del padre es asombrosa. Pone la mejor túnica de la casa al joven (la ropa que traía probablemente estaba bastante raída). Pone el anillo de autoridad del padre en el dedo de su hijo. Y luego le ponen sandalias en los pies descalzos, un honor del que sólo disfrutaban el padre y sus hijos. En otras palabras, el joven fue restaurado inmediata, completa e incondicionalmente a su lugar de filiación. El muchacho se creía indigno de ser hijo; Estaba dispuesto a trabajar como asalariado. El padre no tenía tales pensamientos. Nótese que se refirió a él como «este hijo mío». No hubo rechazo, ni falta de respeto, ni período de prueba para ver si el chico estaba realmente arrepentido.

En tercer lugar, el padre entró en la celebración, sin duda con una exuberancia desenfrenada. ¿Por qué? Porque su hijo había muerto y había vuelto a la vida; estaba perdido, pero ahora había sido encontrado. ¿Te suena familiar? Tienes razón. «Una vez estuve perdido, pero ahora he sido encontrado» es una de las líneas del gran himno «Sublime Gracia» (Amazing Grace, en inglés).

Sí, el padre no solo organizó una fiesta, ¡sino que celebró en la fiesta!

Ahora, es instructivo notar el motivo de la fiesta. La fiesta no fue una orgía o una celebración como una excusa para emborracharse o drogarse. Dios nunca sería parte de tal fiesta. Cuando Dios celebra, tiene una razón legítima. Y ese es el caso de la historia que Jesús contó. El hijo se había arrepentido y había regresado a la casa del padre. ¡Esa es VERDADERAMENTE una razón para hacer una fiesta! Y la celebración en el cielo por tal razón, parece ser la regla más que la excepción. Perecen todos los pensamientos de que el cielo será aburrido. Mira Lucas 15:8-10 para otra historia que Jesús contó:

> «O supongamos que una mujer tiene diez monedas de plata y pierde una. ¿No enciende una lámpara, barre la casa y busca con cuidado hasta encontrarla? Y cuando la encuentra, reúne a sus amigas y vecinas y les dice: "Alégrense conmigo; ya encontré la moneda que se me había perdido". Les digo que así mismo se alegran los ángeles de Dios por un pecador que se arrepiente».

Dado que todos los días en lugares de todo el planeta la gente se arrepiente y se vuelve a Jesús, los ángeles deben estar en un estado continuo de gozo festivo. Y, al parecer, Jesús era y es verdaderamente libre de disfrutar, pero siempre por una razón legítima: celebrar a Dios y su maravillosa obra de salvación en la tierra.

Recuerda, Jesús convirtió el agua en vino en un banquete de bodas cuando se acabó la primera tanda. Por cierto, él había sido invitado a esa boda, ¡y los aguafiestas no son invitados a esas cosas! Puedes leer todo acerca de esto en Juan 2:1-12.

Jesús no tenía reparos en comer y beber con los llamados pecadores. De hecho, los hábitos de Jesús les tocaba las narices a los fariseos. Jesús relató las acusaciones que le hacían, cuando en Mateo 11:19 dijo:

«Vino el Hijo del hombre, que come y bebe, y dicen: "Este es un glotón y un borracho, amigo de recaudadores de impuestos y de pecadores". Pero la sabiduría queda demostrada por sus hechos».

Por supuesto, sus evaluaciones de Jesús como un glotón y borracho estaban equivocadas, pero no te llaman esas cosas por ser aprensivo con personas terrenales que se divierten. Está claro que Jesús disfrutaba de la vida y celebraba exuberantemente las cosas correctas.

Ahora bien, ¿cuál es el sentido de todo esto? Básicamente, una cosa: una de las calumnias más frecuentes de Satanás contra el carácter de Dios es que él es un aguafiestas cósmico. Algo así como: «Oye, si quieres perder toda la diversión de la vida y volverte aburrido y pesado, adelante, conviértete en cristiano». Y todo el mundo dice: «Está bien, de acuerdo».

Espero que veas que Dios no es así en absoluto. Dios se divierte por las razones correctas. Y si quieres que el cielo haga una fiesta, simplemente vuelve a casa.

PIENSA Y PROCESA:

Los ángeles en el cielo celebran cuando alguien regresa a la casa del Padre.

RECUERDA ESTA VERDAD:

«Traigan el ternero más gordo y mátenlo para celebrar un banquete. Porque este hijo mío estaba muerto, pero ahora ha vuelto a la vida; se había perdido, pero ha sido hallado". Así que empezaron a hacer fiesta». (Lucas 15:23- 24)

PREGUNTAS PARA REFLEXIONAR:

¿Cómo estás respondiendo a la idea de un Dios que celebra? ¿Te hace enojar? ¿Crees que lo degrada? ¿Te hace sonreír? ¿Te anima a querer acercarte más a él? ¿Ablanda tu corazón querer volver a él?

HABLA CON DIOS:

Querido Padre, no estoy seguro de qué hacer con la lectura de hoy. Sé que tú eres puro y perfecto, y que ni siquiera puedes ser tentado a pecar, y mucho menos a pecar. Supongo que siempre tuve esta imagen tuya de que, de alguna manera, estabas "por encima" de cosas como la diversión, la celebración e incluso la fiesta. Pero tú creaste el gozo y el placer, la risa y la celebración, así que ¿por qué no entrar plena y libremente en ello de una manera que no manche tu carácter, sino que haga brillar la luz, aún más, sobre tu bondad y grandeza? El objetivo de esto es derribar cualquier muro que me haya impedido buscarte y caminar por la vida contigo. Y, sabiendo que tú te deleitas en mí y estás emocionado hasta el punto de una celebración exuberante cuando vuelvo a ti..., bueno, eso derriba un muro enorme. Gracias por ser tú mismo. Tú y tu gracia sois verdaderamente asombrosos. Amén.

DÍA 5

HAY OTRO HERMANO

Tengo un amigo piadoso y colega en el ministerio, llamado Paul Travis; él y yo hemos pasado muchas horas juntos en oración. Paul está en los últimos años de su vida y ministerio, pero su corazón todavía arde con celo por ver al pueblo de Dios caminar en la novedad, frescura y gracia de nuestra vida en Cristo. Paul es un estudiante tan ávido de la Biblia que probablemente tiene suficientes notas para escribir una biblioteca llena de libros. Tuve el honor de escribir uno con él hace unos años. He aquí un extracto autobiográfico de ese libro sobre su vida:

> «Siempre me había desempeñado bien. Aunque probablemente lo hubiera negado con vehemencia, yo era un legalista, un intérprete espiritual. Impulsado a trabajar duro para Dios, ya había logrado muchas cosas en mi ministerio. Si hubiera habido un Premio de la Academia a la «mejor actuación» de un actor principal en la iglesia, yo habría estado allí recibiendo el Óscar. De hecho, habría recibido el «Premio a la Actuación Profesional» porque, desde el

vientre materno hasta la tumba, estuve sujeto y decidido a hacer el bien, ser bien visto y estar bien. Creía que solamente así estaría bien. Pero me equivoqué».[1]

Realmente aprecio la evaluación sincera de Paul de su vida. El Dr. Neil Anderson se refiere cariñosamente a él como «un fundamentalista en recuperación». Y Paul ha cambiado genuina y radicalmente el fundamento de su vida, de las obras a la gracia, aunque sería el primero en admitir que los viejos hábitos son difíciles de eliminar.

¿Cómo puede estar mal un estilo de vida tan concienzudo y trabajador? Volvamos a la enseñanza de Jesús en Lucas 15 y veamos si podemos encontrar una respuesta a esa pregunta:

> «Mientras tanto, el hijo mayor estaba en el campo. Al volver, cuando se acercó a la casa, oyó que había música y danza. Entonces llamó a uno de los siervos y le preguntó qué pasaba. "Tu hermano ha llegado —le respondió—, y tu papá ha matado el ternero más gordo porque lo ha recobrado sano y salvo". Indignado, el hermano mayor se negó a entrar. Así que su padre salió a suplicarle que lo hiciera. Pero él contestó: "¡Fíjate cuántos años te he servido sin desobedecer jamás tus órdenes y ni un cabrito me has dado para celebrar una fiesta con mis amigos! ¡Pero ahora llega ese hijo tuyo, que ha despilfarrado tu fortuna con prostitutas, y tú mandas matar en su honor el ternero más gordo!". "Hijo mío —le dijo su padre—, tú siempre estás conmigo y todo lo que tengo es tuyo. Pero teníamos que hacer fiesta y alegrarnos, porque este hermano tuyo estaba muerto, pero ahora ha vuelto a la vida; se

---

1. Neil T. Anderson, Rich Miller, and Paul Travis, *Breaking the Bondage of Legalism* (*Rompiendo las Cadenas del Legalismo*) (Eugene, OR: Harvest House Publishers, 2003), 29. Usado con permiso.

había perdido, pero ya lo hemos encontrado"».
(versículos 25-32)

Y así es como termina la historia. Jesús se detiene justo ahí. A pesar de que la saga del hijo menor tiene un final feliz, Jesús deja (intencionadamente, podemos suponer) el último capítulo de la vida del hijo mayor con un final abierto. La historia no termina con un signo de exclamación, termina con un signo de interrogación. ¿Se ablanda el corazón del hijo mayor hacia su hermano y su papá? ¿Se une a la fiesta? ¿O toma su pala con enojo y vuelve a trabajar, negando con la cabeza ante toda la injusticia en el mundo? No sabemos.

Hay varias cosas sobre las creencias y el comportamiento del hijo mayor que Jesús expuso en esta historia.

Primero, el hijo mayor guardaba mucho resentimiento hacia su padre. La palabra que usó para «servir» significa «esclavizar». Trabajó duro, sin duda. Pero era un trabajo sin alegría. Más o menos, como se sentían mis hijos con respecto al trabajo que solían hacer en un restaurante de comida rápida local: les gustaba el dinero y lo necesitaban, pero no podían soportar el trabajo. (¡Sin embargo, les proporcionó una fuerte motivación para obtener una educación universitaria!)

El hijo mayor era responsable y fiel en lo que hacía. Es decir, su comportamiento exteriormente era correcto. Pero veía a su padre como un capataz totalmente injusto. Pasaba mucho tiempo en el campo formándose la opinión que tenía de su padre. Su actitud interior se había vuelto amarga con el paso de los años, y su servicio, duro y sin alegría.

¿Te sorprende saber que Dios no solo se preocupa de *lo que* hacemos sino también *por qué* lo hacemos?

En segundo lugar, el hijo mayor desconocía por completo todo lo que era y todo lo que tenía como hijo. El padre le dijo: «Siempre has estado conmigo». ¿Puedes sentir el cariño que el padre tenía por su hijo? Pero al chico se le escapó por completo. El padre lo veía como un hijo amado. El hijo se sentía como un esclavo. El padre también dijo: «Todo lo que es mío es tuyo». El hijo mayor podría haber tenido una cabra o un ternero o un rebaño entero de cabras o un rebaño entero de vacas si simplemente lo hubiera pedido. Pero nunca lo hizo. El hijo mayor vivía como un esclavo, no como un hijo. Subsistió en una pobreza extrema cuando podría haber vivido la vida al máximo.

Es muy posible que estemos en una relación de trabajo, de esclavitud, de siervo-amo con Dios, sin experimentar nunca el gozo de ser un hijo de nuestro Padre celestial y perdernos todos los dones de su gracia que vienen con ese privilegio.

En tercer lugar, el hijo mayor guardaba mucho resentimiento hacia su hermano menor. Básicamente, lo había repudiado. Fíjate que se refiere a su hermano en su discusión con el padre como «este hijo tuyo». El padre trata de recordarle la relación, corrigiéndolo, refiriéndose al hijo menor como «este hermano tuyo».

Dios siempre está «metido» en las relaciones; primero, conectándonos en una relación con él de amor y confianza, y segundo, guiándonos a amistades saludables con los demás.

Considere cuatro fotos de los hijos. La primera foto es del hijo menor viviendo salvajemente en el mundo. La segunda es del mismo hijo arrepentido y destrozado, arrastrando los pies a casa. La tercera imagen es del hijo pequeño abrazado por el padre, restaurado a su lugar en la familia, celebrando su nueva vida. La cuarta imagen es del hermano mayor, esclavizado, «justamente indignado» por la condición pecaminosa de los demás.

Lamentablemente, con demasiada frecuencia, nos encontramos pareciéndonos al hijo de la primera o segunda imagen. O vivimos una existencia espiritual poco saludable y no muy santa como esclavos, con exceso de trabajo y mal pagados.

Mi oración es que descubramos el gozo de la tercera imagen y seamos atraídos a ese lugar de descanso y gozo en el Padre. Sé que ahí es donde quiero estar.

PIENSA Y PROCESA:

Es posible hacer todas las cosas «correctas» por motivaciones incorrectas.

RECUERDA ESTA VERDAD:

«Hijo mío —le dijo su padre—, tú siempre estás conmigo y todo lo que tengo es tuyo».
(Lucas 15:31)

PREGUNTAS PARA REFLEXIONAR:

¿Qué foto de los dos hijos describe mejor dónde estás ahora mismo en tu vida? ¿Qué tiene que cambiar para que aceptes la tercera imagen como un retrato real de tu vida?

HABLA CON DIOS:

Amado Padre, por favor mira bien mi corazón y dime lo que ves. Cuando pienso en esas fotos de los hijos, esto es lo que me gustaría que fuera cierto de mí: me gustaría entrar en razón y volver a casa como el hijo de la segunda foto. Entonces realmente me gustaría recibir todos los buenos dones de tu gracia que tú quieras darme, celebrando mi verdadero lugar como tu hijo muy amado, como el hijo de la tercera imagen. Pero no quiero solo cantar, bailar y festejar por el resto de mi vida. Quiero ir a la misión contigo y servir contigo en tu reino…, no esclavizándome en el resentimiento como el hijo de la cuarta imagen, sino gozosamente obediente y caminando contigo en estrecha amistad y en una relación de amor y confianza contigo. Supongo que esa es una quinta imagen que no se representa en la historia. Ahora que sabes dónde me gustaría estar, por favor, revélame dónde está actualmente mi corazón en relación contigo. Por favor, haz lo que necesites para hacerme todo lo que me creaste para ser en Cristo. Sé que todo el proceso no será fácil y no será rápido, así que, por favor, dame el coraje y la paciencia que necesito para seguir adelante y no rendirme. Amén.

DÍA 6

OBRAS DE GRACIA

Me di cuenta de que nuestro hijo, Brian, estaba luchando. Compartía habitación con su hermano menor y adoptivo, Luke, y aunque sus literas les daban algo más de espacio en la habitación, me di cuenta de que las cosas se estaban acercando demasiado para su comodidad. Al menos para Brian.

Adoptamos a Luke de un orfanato en Tailandia cuando tenía cuatro años, y aunque no podemos imaginar a nuestra familia sin él, ha presentado algunos desafíos únicos. Uno de esos desafíos es que, al principio de su vida, tuvo importantes problemas de límites. No tenía ni idea de dónde se suponía que debía terminar su mundo y dónde comenzar el de otra persona. Por lo tanto, se convirtió en una omnipresencia invasiva, que interfería con las cosas de nuestros otros hijos, que no sabían cómo manejarlo.

Antes de adoptarlo, teníamos numerosos niños de acogida en nuestro hogar, por lo que nuestros hijos biológicos aprendieron a adaptarse a varios comportamientos problemáticos, al menos tan bien como pueden hacerlo los niños pequeños. Pero Luke resultó ser un desafío particularmente desalentador para ellos.

Cuando los otros tres estaban jugando, irrumpía en la escena e interrumpía y, a menudo, destruía lo que estaban haciendo. Después de soportar esto por un tiempo, nuestros hijos decidieron una estrategia para protegerse. Simplemente lo dejaron fuera de sus vidas al dejarlo fuera de la habitación donde jugarían juntos.

Dado que los niños que salen de los orfanatos suelen tener problemas de rechazo de todos modos, esta solución pragmática, aunque efectiva en un nivel, no iba a ser suficiente. Así que reuní a los tres y tuve una conversación directa con ellos.

«Niños, Luke no es un hermano de acogida. No podemos llevarlo de vuelta por otra persona. Luke es vuestro hermano y está aquí para quedarse, así que vais a tener que encontrar la manera de abrirle vuestro corazón y vuestra puerta». Con eso, oramos y abandonaron su «política de puertas cerradas». Al abrir su puerta, también abrieron sus corazones. Estaba encantado con su obediencia.

Con el telón de fondo de ese arrepentimiento, Brian todavía estaba muy frustrado con Luke porque sus problemas de límites persistían hasta el punto en que estaba rompiendo muchas de las cosas de Brian. Rompió la parte superior de sus trofeos deportivos, por ejemplo.

Brian no se atrevía a pasar tiempo con su hermano. No le gustaba, se sentía frustrado por tener que compartir habitación con él y lo evitaba tanto como le era posible. Yo podría haberle dicho algo como: «Brian, no me importa lo que Luke haya hecho. Necesitas pasar tiempo con él. ¡Sube allí y juega con él ahora!».

A pesar de que eso era lo que eventualmente tenía que suceder, el simple hecho de decirle a Brian lo que debía hacer podría dar como resultado obediencia externa por un tiempo, pero no habría habido un cambio de opinión. Y recuerda, Dios no solo se interesa en *lo que* hacemos sino también *por qué* lo hacemos.

Este era un trabajo por gracia.

Una de las dificultades con Luke es que tiene una capacidad muy limitada para entender lo que se le está hablando y una capacidad igualmente limitada para responder verbalmente. También tiende a mirar hacia otro lado cuando estás hablando con él. Todas estas cosas hacían probable que cualquier intento de Brian de abordar directamente el problema con Luke sería infructuoso y frustrante.

Decidí probar algo diferente. Hice que Brian se sentara en una silla e imaginara a Luke sentado en el borde de la litera inferior, escuchando en silencio y con comprensión todo lo que su hermano mayor le decía. Luego oré y me alejé de la vista de Brian para ver qué sucedía.

Al principio lentamente, luego con mayor fluidez e intensidad, Brian le abrió su corazón a Luke, expresando todas sus frustraciones y diciéndole que quería que dejara de hacer lo que estaba haciendo. Habrías jurado que Luke estuvo allí.

Después de que sacó toda su ira, animé a Brian a expresarle a Luke su perdón por él. Lo hizo de buena gana. Me di cuenta de que Brian estaba aliviado.

Lo que sucedió después me dejó anonadado. Brian subió directamente las escaleras y, por su propia voluntad, se acercó a Luke y jugó con él sin parar durante cuarenta y cinco minutos. NUNCA había hecho eso antes.

Algunas personas tienen la impresión equivocada de que, si caminas en gracia y buscas ayudar a otros a caminar en gracia, nunca se hará ningún trabajo. Tienen temor de que la gente tome la gracia como una invitación a no hacer nada. Sostengo que, si eso ocurre, entonces la verdadera gracia no está en operación. Porque la gracia funciona. Mira lo que dice Tito 2:11-14:

> «En verdad, Dios ha manifestado a toda la humanidad su gracia, la cual trae salvación y nos enseña a rechazar la impiedad y las pasiones mundanas. Así podremos vivir en este mundo con dominio propio, justicia y devoción, mientras aguardamos la bendita esperanza, es decir, la gloriosa venida de nuestro gran Dios y Salvador Jesucristo. Él se entregó por nosotros para rescatarnos de toda maldad y purificar para sí un pueblo elegido, dedicado a hacer el bien».

La gracia de Dios trae rescate de nuestros pecados. También nos instruye a alejarnos del pecado cada día. Nos enseña a vivir de una manera que a Dios le gusta en un mundo que, básicamente, no le gusta a Dios. Nos recuerda que debemos esperar la segunda venida de Jesús. Nos conecta con Jesús, quien nos ha comprado de la esclavitud a una vida incorrecta de nuestro corazón y nos limpia por dentro para que seamos puros y tengamos el poder de hacer el bien.

Eso seguro que no suena como una forma de vida pasiva, perezosa e indiferente. En absoluto. La verdadera gracia, la gracia de Dios, es el mayor motivador del corazón para vivir correctamente.

Permíteme decirlo de nuevo: la gracia de Dios nos motiva a vivir correctamente. Lo hizo por Brian. La gracia le dio la capacidad de perdonar. Y la gracia le dio el «querer» y el «poder» para amar a su hermano de corazón, lo que resultó en acción.

La gracia también fue el motivador profundo e interno y el poder central para el apóstol Pablo. Él escribió en 1 Corintios 15:10:

> «Pero por la gracia de Dios soy lo que soy y la gracia que él me concedió no se quedó sin fruto. Al contrario, he trabajado con más tesón que todos ellos, aunque no yo, sino la gracia de Dios que está conmigo».

Entonces, ¿podemos enterrar para siempre la mentira de que vivir por gracia hará que los cristianos sean blandos, débiles, pasivos y que no hagan nada? Personalmente, creo que sé de dónde vino esa mentira, ya que tenemos un enemigo que está muerto de temor de la verdadera gracia de Dios.

La gracia de Dios obra. La gracia de Dios, de hecho, funciona, no para alcanzar, ganar o mantener el amor o la aprobación de Dios, sino porque ya lo tenemos en Cristo.

PIENSA Y PROCESA:

La gracia de Dios es el mayor motivador del corazón para vivir correctamente.

RECUERDA ESTA VERDAD:

«En verdad, Dios ha manifestado a toda la humanidad su gracia, la cual trae salvación y nos enseña a rechazar la impiedad y las pasiones mundanas. Así podremos vivir en este mundo con dominio propio, justicia y devoción» (Tito 2:11-12)

PREGUNTAS PARA REFLEXIONAR:

¿De qué manera el experimentar y vivir por la gracia de Dios nos mueve a hacer lo correcto de forma mucho más efectiva que simplemente diciéndonos qué hacer y qué no hacer?

HABLA CON DIOS:

Querido Padre, parece que hay un principio de vida en acción aquí, y es que solo podemos expresar lo que ya hemos experimentado. No podemos mostrar misericordia si no hemos recibido misericordia. No podemos decir la verdad a los demás a menos que primero hayamos escuchado y creído la verdad nosotros mismos. Y no podemos expresar gracia hasta que la hayamos experimentado. Tal vez sea por eso por lo que tantas personas tratan de motivar a los demás con falta de gracia o incluso con deshonra. Una cosa está clara: tu gracia es dinámica, como la dinamita. Te cambia la vida. Es conmovedor. Es una vida recta que empodera. Nos enseña mucho mejor que la motivación de la culpa o la vergüenza. Entonces, ¿por qué, todavía tan a menudo, trato de motivarme y revitalizarme a mí mismo y a los demás para vivir correctamente con los métodos equivocados? Creo que mis palabras anteriores en esta oración me están convenciendo. La razón es que todavía estoy en el jardín de infantes cuando se trata de experimentar tu gracia, y, por lo tanto, con demasiada frecuencia, todavía soy un niño en edad preescolar cuando se trata de expresarla. Pero sí sé que ya he sido presentado a tu gracia y en ella estoy ahora, así que enséñame a crecer en la gracia y el conocimiento de Jesús. Al hacerlo, sé que trabajaré... y lo haré duro... de manera que cumpla tu voluntad y no la mía. Amén.

DÍA 7

¿QUÉ TIENE QUE VER EL AMOR CON ESTO?

Mi amigo Daniel y yo decidimos ir a donde (casi) ningún hombre blanco había ido antes. Era una parte peligrosa de la ciudad llamada Casablanca. Íbamos allí porque queríamos difundir las buenas nuevas de cómo Jesús cambia vidas, pero no teníamos idea de lo que sucedería cuando pusiéramos un pie en ese vecindario.

Sabíamos que esta área era más conocida por el tráfico de drogas y los tiroteos entre pandillas que por la vida espiritual, así que oramos mucho mientras caminábamos por la calle. Era evidente que nuestra presencia iba a llamar la atención, despertar curiosidad y, probablemente, a levantar sospechas. Si no hubiéramos sabido que íbamos en la dirección del Señor, habríamos tenido temor.

Con la esperanza de encontrar a alguien que hablara inglés, tocamos a la puerta de una pequeña casa estilo rancho color canela, explicando que habíamos venido a hablar de Jesús. La mujer de la casa respondió e hizo un gesto al otro lado de la calle. Su hija adolescente, María, que hablaba inglés, estaba allí visitando a una amiga. Las dos hijas menores de la mujer corrieron a cruzar la calle para buscarla. Nuestra llegada fue algo así como una ocasión especial, y toda la casa cobró vida con risas y conversaciones, ¡ninguna de las cuales pudimos entender!

Estoy seguro de que los ojos deben haber estado asomándose detrás de las cortinas a lo largo del barrio. Y estoy seguro de que María se preguntaba por qué demonios dos hombres blancos querían hablar con ella.

Cuando cruzó la calle hacia donde estábamos, le preguntamos si estaba interesada en hablar de cosas espirituales. Ella sonrió y negó con la cabeza: «No».

«En mi iglesia es un pecado bailar», dijo ella, un poco enojada.

Por el rabillo del ojo vi un rosal, donde florecía una hermosa rosa amarilla. Estaba en el patio delantero de su casa, así que le hice señas a María para que me siguiera mientras caminaba hacia el arbusto.

«María, el tema no es bailar o no bailar. La cuestión es: ¿Abrirás tu corazón a Jesús para que él pueda limpiarte y perdonarte por dentro? Mira esta rosa. Así como esta hermosa flor se abrió de un capullo, así Dios quiere tomar tu vida y hacerla florecer. ¿Podrías confiar en un Dios como ese?».

Después de hacer una pausa para pensar por un momento, María asintió. Le expliqué con más profundidad lo que significa abrir tu corazón a Cristo y pregunté si le gustaría hacer eso. Ella dijo que lo haría.

A mi invitación, los tres nos arrodillamos en el patio delantero de su casa. Cuando miro hacia atrás, no estoy seguro de por qué lo hice. Nunca he hecho eso desde entonces, y no es necesario arrodillarse para orar, pero de alguna manera en ese momento parecía ser lo correcto. Ciertamente evitó que su decisión por Cristo fuera un asunto oculto y privado. ¡Todo el vecindario tenía un asiento en primera fila!

Daniel y yo tuvimos el privilegio de escuchar a María rezar una de las oraciones más hermosas que he escuchado en mi vida, mientras abría su corazón a Jesús.

Sus hermanas menores, que ya habían puesto su fe en Cristo, saltaban de alegría. Resultó que la madre y la tía de María (que vivía con ellas) también eran cristianas. Así que le dije a María que entrara a la casa y les contara lo que había hecho.

María salió unos minutos más tarde, describiendo cómo su tía la había abrazado y cómo su madre le había dicho: «¡Esto es lo que hemos estado esperando toda tu vida!».

Daniel y yo estábamos fuera de nosotros de alegría. Pudimos tomarnos un tiempo para animar a María en su nueva fe, pero luego llegó el momento de irnos.

Cuando comenzamos a alejarnos, María nos gritó: «Ustedes son ángeles, ¿no es así?».

Sonreí y le contesté: «No, María, nosotros somos mensajeros de Dios, pero somos personas como tú».

No parecía convencida. Caminamos un poco más, y ella gritó más fuerte esta vez: «¡Sé que ustedes son ángeles!».

Daniel y yo nos reímos cuando le dije que tenía ganas de batir los brazos como alas, pero seguimos caminando, agradecidos por un Dios que ama tanto a las personas que nos había enviado a una tarea tan genial.

Lamentablemente, con demasiada frecuencia los cristianos son más conocidos por lo que están en contra que por su amor. Pero el amor está destinado a ser la característica más reconocible de aquellos que siguen a Jesús. Él mismo lo dijo:

> «Este mandamiento nuevo les doy: que se amen los unos a los otros. Así como yo los he amado, también ustedes deben amarse los unos a los otros. De este modo todos sabrán que son mis discípulos, si se aman los unos a los otros». (Juan 13:34-35)

Incluso mientras escribo estas palabras, sé que habrá algunos que leerán el último par de párrafos, y que correrán y agarrarán sus pistolas de «sí, pero» y regresarán corriendo con las caras enrojecidas disparando, bufando y resoplando. Gritarán emocionados: «¡Sí, pero también necesitas la verdad! ¡Necesitas tomar una posición en contra del pecado! ¡La gracia y el amor no son suficientes!».

Por supuesto que necesitamos la verdad. Y, por supuesto, tenemos que oponernos al pecado. El amor de Dios no es débil e insípido, y nunca opera independientemente de la verdad de Dios, como enseña claramente 1 Corintios 13:4-8:

> «El amor es paciente, es bondadoso. El amor no es envidioso ni presumido ni orgulloso. No se comporta con rudeza, no es egoísta, no se enoja fácilmente, no guarda rencor. ***El amor no se deleita en la maldad, sino que se regocija con la verdad.*** Todo lo disculpa, todo lo cree, todo lo espera, todo lo soporta. El amor jamás se extingue». [El subrayado es mío]

Pero mira de cerca las palabras de 1 Corintios 13. Básicamente está diciendo que, si bien nunca se pone en juego la verdad, el amor tampoco actúa como un idiota. Es paciente y amable y no actúa como si siempre tuviera todas las respuestas. No es grosero ni irrespetuoso y no actúa de manera egocéntrica, no pierde el control y no permite que las heridas del pasado dicten las acciones presentes.

En otras palabras, el amor está lleno de gracia porque el amor, el verdadero amor de Cristo, proviene de Dios (1 Juan 4:7). Y Dios es amor (1 Juan 4:8). Y Dios es misericordioso.

Por lo tanto, en respuesta a la pregunta planteada por el título de la lectura de hoy, cuando se trata de la gracia que se vive en Cristo y a través nuestro, el amor tiene todo que ver con la gracia.

PIENSA Y PROCESA:

El amor está destinado a ser la característica más reconocible de aquellos que siguen a Jesús.

RECUERDA ESTA VERDAD:

«De este modo todos sabrán que son mis discípulos, si se aman los unos a los otros». (Juan 13:35)

PREGUNTAS PARA REFLEXIONAR:

Echa un vistazo a las cualidades del amor de Dios en 1 Corintios 13:4-8. ¿Cómo reflejan tu vida y tu carácter esas cualidades? ¿Te define más *estar en contra* o el *amor* misericordioso que demuestras a los que te rodean, especialmente a aquellos con los que difieres?

HABLA CON DIOS:

Querido Padre, abandonado a mis propios instintos e inclinaciones, reconozco que me resulta mucho más fácil enfadarme que ser paciente; ser duro que amable; montar mi propio caballo alto en lugar de servir humildemente a los demás. No quiero ser grosero o crítico, pero es fácil caer en ese modo, incluso estar satisfecho de mí mismo, con mi propia lengua afilada y mis astutas humillaciones. Me temo que guardo rencores con demasiada frecuencia y me regocijo en la caída de otros con los que no estoy de acuerdo, en lugar de estar allí para sostenerlos cuando caigan. Jesús fue llamado el amigo de los pecadores, y yo quiero ser como él. Necesito tu amor, Señor. No, lo que realmente necesito eres tú, Señor, porque tú eres amor. Por favor, toma mi carácter, que, si soy honesto, no siempre es muy amable, y conviérteme en una persona paciente, amable, cariñosa, atenta y amorosa, para que cuando la gente me mire, sepan que soy tu discípulo. No para que me reconozcan, sino para que quien no te haya considerado relevante pueda pensarlo mejor. Amén.

SEGUNDA SEMANA

CANCELAR EL VIAJE DE LA CULPA

DÍA 8

¡PILLADO!

Durante esta segunda semana, nos vamos a enfocar en el tema de la culpa y cómo la gracia de Dios nos rescata de vivir bajo ese severo e inflexible capataz espiritual.

Un principio importante de las lecturas de esta semana es que la culpa no tiene nada que ver con nuestros sentimientos. Eso puede ser una sorpresa o incluso un shock para ti, porque muchas personas determinan que *son culpables* si *se sienten culpables*. Es decir, confunden «culpa» con «sentimientos de culpa». Esta confusión no los llevará a ninguna parte rápidamente, como veremos durante el transcurso de esta semana.

Permíteme un momento de comentario cultural: he observado un cambio lento y sutil, pero muy real, en los últimos treinta años más o menos, en cuanto al modo en que las personas determinan qué es la verdad. Puedo verlo especialmente en cómo mis padres solían hablar de las cosas en comparación con cómo lo hacen mis hijos. Mi generación, la que está entre esas dos, parece ser la zona de transición. Déjame explicarte.

Hazle a un adulto mayor una pregunta como: «¿Quién va a ganar las próximas elecciones?». Su respuesta será algo así como: «*Creo* que fulano de tal ganará» o «*No creo* que su nombre tenga ninguna posibilidad». Pero hazle la misma pregunta a uno de mis hijos y te responderá: «*Siento* que bla, bla, bla, va a ganar». Mi generación podría expresarlo de cualquier manera.

¿Ves la diferencia? Ambos están dando una opinión, pero la generación más joven tiende a consultar sus sentimientos para determinar lo que creen. Aunque es muy común y se acepta como normal, este es un territorio espiritualmente peligroso. ¿Por qué? Bueno, cuando se trata de lo que Dios dice, la palabra de Dios es verdadera, ya sea que sintamos que es verdadera o no. Y si alguien está luchando por creer en la Biblia, bien podría ser que en el fondo haya creído la mentira de que «lo que siento que es verdad debe ser verdad", en oposición a lo que dicen los hechos de la palabra de Dios.

Este es un problema real porque nuestra fe está destinada a basarse en quién es Dios y en lo que él declara que es verdad (realidad objetiva), en lugar de si «sentimos» que algo es verdad (percepción subjetiva) o incluso si «estamos convencidos» de que algo está mal. Permíteme ilustrarlo.

Hace varios años yo estaba viviendo en Ohio, entrenando a un hombre más joven para el ministerio. Una noche, los dos nos dirigíamos a una iglesia en particular para una reunión. Marv (nombre ficticio) estaba convencido de que una ruta en particular era más rápida. Yo no estuve de acuerdo. Decidimos tener una competencia sana, una carrera, por así decirlo, aunque las reglas del juego exigían no exceder el límite de velocidad. Marv siguió su camino y yo el mío.

Mientras conducía, me vino a la mente la idea de que probablemente Marv iba a exceso de velocidad. Era demasiado competitivo para perder esta carrera, así que, siendo también yo competitivo, aumenté mi velocidad de 35 a 45 mph, 10 millas por encima del límite de velocidad. No es gran cosa, pensé.

No habría pasado ni un minuto cuando un coche de policía que iba en dirección contraria a la mía dio media vuelta, encendió las luces y corrió detrás de mí. Gemí, puse los ojos en blanco y, sabiendo que me habían pillado, me detuve. Por supuesto, el oficial de policía se tomó su tiempo para salir de su vehículo y acercarse a la ventana del lado del conductor. En ese momento supe que había perdido la carrera. Mientras estaba sentado allí, frustrado, el Señor aprovechó la oportunidad para recordarme Romanos 13, que nos instruye a obedecer a las autoridades gubernamentales, incluidas las leyes de tránsito. Estaba bastante desanimado cuando el policía me presentó la multa.

«Le he pillado a 45 en una zona de 35», dijo rotundamente el oficial.

«Señor, quiero darle las gracias por ser un instrumento de Dios. Así es como la Biblia me habla. Me equivoqué, y Dios quería que supiera que no podía salirme con la mía violando la ley, así que me atraparon. Gracias».

En realidad, fui sincero en lo que dije, pero estoy seguro de que el policía pensó que tenía algún tipo de chiflado religioso en sus manos. O eso o añadía mis comentarios a su registro mental de «ahora lo he oído todo». Estoy seguro de que él y sus amigos se rieron mucho en la comisaría.

No le hizo cambiar de opinión. Todavía tengo la multa. Lo único en lo que podía pensar era en lo mucho que esta multa iba a perjudicar mi economía y en lo feliz que estaría Marv por haber ganado. No estaba contento.

Cuando finalmente entré, bastante tarde, a la reunión de la iglesia, Marv me miró con una expresión de perplejidad.

—Me detuvieron por exceso de velocidad —susurré, un poco disgustado por la sonrisa engreída que se extendía por su rostro victorioso—. —Tú también ibas a exceso de velocidad, ¿verdad? —dije, irritado de que no hubiera el menor atisbo de remordimiento en su rostro mientras asentía triunfalmente.

¿Quién fue el culpable? ¿Solo el que fue atrapado? ¿Qué pasa con el que iba a exceso de velocidad, pero no fue atrapado y no se sintió culpable en lo más mínimo por infringir la ley, sin mencionar las reglas del juego? ¿Era culpable?

En realidad, ambos éramos culpables, aunque Dios decidió hacerme responsable de mis malas acciones, probablemente porque como maestro siempre hay un juicio más estricto (véase Santiago 3:1).

La culpa es la imputación legal a alguien por ser considerado responsable de una mala acción, por un tribunal de justicia humano o divino.

La culpabilidad ante un tribunal de justicia humana generalmente tiene algún tipo de castigo, ya sea pagando una multa (como tuve que pagar por exceso de velocidad) o haciendo servicio comunitario o algún tipo de restricción (como libertad condicional) o confinamiento (encarcelamiento).

Pero ¿qué hay de la corte divina? ¿Cuál es el papel de Dios en determinar y castigar nuestra culpa? Con el fin de que, en última instancia, entendamos y apreciemos *la gracia de Dios*, primero debemos reconocer *la justicia de Dios*. Vale la pena repetirlo. *Para que podamos comprender la gracia de Dios con gratitud, primero debemos enfrentar la dura realidad de la justicia de Dios.*

El hecho de que Dios es el Juez es un tema que se encuentra en toda la Biblia. Por ejemplo, el rey David escribió:

> «¡El Señor juzgará a los pueblos! Júzgame, Señor, conforme a mi justicia; págame conforme a mi integridad. Dios justo que examinas la mente y el corazón, acaba con la maldad de los malvados y mantén firme al que es justo. Mi escudo está en Dios que salva a los de corazón sincero. Dios es un juez justo, un Dios que cada día manifiesta su enojo». (Salmos 7:8-11)

Santiago, en el Nuevo Testamento, nos recuerda que el Dios de la gracia es también el Juez:

> «No se quejen unos de otros, hermanos, para que no sean juzgados. ¡El Juez ya está a la puerta!». (Santiago 5:9)

Eso está bastante claro. El Dios que es amor y que es misericordioso es también un Juez que está enojado por el mal que los hombres malvados hacen y «probará» en su tribunal de justicia

SEGUNDA SEMANA: CANCELAR EL VIAJE DE LA CULPA

los corazones y las mentes de los hombres. Él no está siendo una especie de matón cósmico cuando hace esto. Él está siendo justo. En otras palabras, él está haciendo lo que es correcto. A pesar de lo que pueda parecer a veces, Dios no hace la vista gorda ni hace oídos sordos ante las malas acciones. Es muy consciente de lo que está sucediendo y algún día llegará a ejecutar justicia plenamente. Para cualquiera que haya sido abusado, traicionado, abandonado, víctima del crimen, perseguido o de alguna manera sufrido a manos de hombres crueles e indiferentes, esta es una muy buena noticia.

Ahora, llegados a este punto, esperamos que no te estés confundiendo. En el día 2 hicimos la pregunta: «¿Es Dios misericordioso?» y respondimos a nuestra propia pregunta con un rotundo «¡SÍ!» No te preocupes. ¡Dios no ha ayunado y cambiado entre el día 2 y el día 8! Él sigue siendo amable y siempre lo será. *Pero, una vez más, la gracia no puede ser plenamente comprendida o apreciada salvo en el contexto de la justicia.*

La justicia podría definirse como Dios dándonos lo que merecemos (que es el castigo por nuestro pecado y culpa). La misericordia sería entonces definida como Dios *no* dándonos lo que merecemos (es decir, reteniendo el castigo por nuestro pecado y culpa). ¿Qué es entonces la gracia? La gracia es Dios dándonos lo que *no* merecemos (que es el perdón, la vida y la relación con él, a pesar de nuestras malas acciones).

Así que volvamos a nuestra discusión de la justicia de Dios por unos minutos más.

¿No parece a veces que los que hacen el mal salen impunes? Es decir, miremos a los dictadores brutales que cometen genocidio. Viven en vastos y lujosos palacios y parecen estar fuera del alcance de la justicia. ¿Y qué pasa con los líderes de los cárteles de la droga que están amasando millones mientras las drogas que controlan destruyen la vida de miles de personas? Se arman para protegerse y viven en el regazo del lujo a expensas del resto de la humanidad.

¿Dónde está el Dios de la justicia?

La respuesta a esa pregunta es que él está en Su trono, y un día él se sentará como juez de toda la tierra y todo se acabará para los malvados. Echa un vistazo a lo que Isaías 2 tiene que decir:

> «El día del Señor de los Ejércitos vendrá contra todos los orgullosos y arrogantes, contra todos los altaneros, para humillarlos; ...La altivez de la humanidad será abatida y la arrogancia humana será humillada. En aquel día solo el Señor será exaltado y los ídolos desaparecerán por completo. La gente se meterá en las cuevas de las rocas y en las grietas del suelo, ante la temible presencia del Señor y el esplendor de su majestad, cuando él se levante para hacer temblar la tierra».
> (Isaías 2:12, 17-19)

Entonces, aquí está la gran pregunta: ¿Quién está en la mira de la justicia de Dios? ¿Y cómo pueden aquellos que son culpables ante un Dios tan santo escapar del juicio y entrar en el lugar de misericordia y gracia del que hablamos en la primera semana?

Recuerda, la cuestión no es, ¿me *siento* culpable?, sino ¿soy culpable? Si estás haciendo esa pregunta, estás haciendo la pregunta correcta. Estemos atentos para recibir buenas noticias.

SEGUNDA SEMANA: **CANCELAR EL VIAJE DE LA CULPA**

PIENSA Y PROCESA:

La culpa no es una cuestión de *sentimientos*, sino una cuestión de *hechos*.

RECUERDA ESTA VERDAD:

«Dios es un juez justo, y un Dios que se indigna todos los días». (Salmos 7:11)

PREGUNTAS PARA REFLEXIONAR:

¿Por qué crees que es importante comprender (en algún nivel) la justicia de Dios para apreciar mejor la gracia de Dios?

HABLA CON DIOS:

Amado Padre, en cierto sentido estoy muy contento de que tú seas el Juez, porque seguro que hay mucha injusticia en el mundo. Todas las personas que nunca han recibido justicia aquí en la tierra la obtendrán algún día. Tu palabra dice que «habrá un juicio sin compasión para el que actúe sin compasión». (Santiago 2:13). Eso hace que este mundo loco sea un poco más fácil de aceptar, aunque hace que me pregunte cuán misericordioso he sido. Es alucinante darse cuenta de que no hay una pizca de maldad que tú no hayas visto, y que la ves con perfecta claridad, sin ser nunca enmascarada por las mentiras, los planes o los motivos ocultos de nadie. Porque tú eres un Dios completamente sabio, tratarás cada caso y cada circunstancia con absoluta justicia perfecta. Pero el hecho de que nunca te pierdas una sola cosa me asusta. ¿Qué me dirás cuando te vea cara a cara? ¿Escaparé verdaderamente de tu juicio, o es que al final encontrarás algo que estropeará todo el trato? Me consuela leer que «El Señor es muy compasivo y misericordioso» (Santiago 5:11). Ayúdame a equilibrar estos aspectos aparentemente conflictivos de tu carácter, la justicia y la gracia, para que pueda encontrar paz en mi corazón y descanso para mi alma. Amén.

DÍA 9

EL CAMINO A CASA

Me encanta cuando las películas o escenas de películas ilustran verdades sobre la vida y nuestra relación con Dios. Una de esas películas, basada en un incidente de la vida real, es Apolo 13, protagonizada por Tom Hanks como el comandante de la misión Jim Lovell. El vuelo del *Apolo 13* iba a destacarse al lograr el tercer alunizaje de una nave espacial estadounidense. Ese aspecto de la misión tuvo que ser abortado cuando una explosión rompió el tanque de oxígeno número dos en el módulo de servicio y también rompió una línea o dañó una válvula en el tanque de oxígeno número uno, lo que provocó que perdiera oxígeno rápidamente. La cubierta de la bahía número cuatro del módulo de servicio se voló. Todos los suministros de oxígeno se perdieron en unas tres horas, junto con el agua, la energía eléctrica y el uso del sistema de propulsión. Era un desastre.

Esta crisis dio lugar a la ahora famosa frase: «Houston, tenemos un problema». Y lo que al principio había sido visto por el público estadounidense como un viaje más a la luna, de repente se convirtió en un drama nacional y global. ¿Había alguna forma de que los tres hombres de esa nave espacial llegaran sanos y salvos a casa?

En la película, el suspense aumenta a medida que se dan cuenta de que el tiempo no está de su lado. El nivel de dióxido de carbono en la cabina está aumentando a un nivel peligroso y uno de los miembros de la tripulación se enferma gravemente con una infección renal. Luego, para empeorar las cosas, los hombres están básicamente solos para navegar a través de la atmósfera terrestre. Su equipo de guía de alta tecnología es inútil.

Volando a través del espacio hacia el planeta Tierra a miles de millas por hora, deben entrar en la atmósfera precisamente en el ángulo correcto. Si el ángulo es incorrecto, se quemarán como una estrella fugaz o saltarán de la atmósfera de la Tierra de regreso al espacio como una roca que roza un estanque. La poderosa atracción gravitacional de la Tierra los llevaría a casa a un lugar seguro o los enviaría a la muerte. De una forma u otra, tenían una cita con el planeta Tierra que no se podía detener y que no sería fácil.

Entonces, ¿cuál es el punto? Buena pregunta. Después de todo, no tomaste el devocional de hoy para leer una reseña de una película... Especialmente una reseña de una película de 1995.

Aquí está el vínculo entre la película *Apolo 13* y nuestra relación con Dios: el amor de Dios nos atrae hacia él con un poder magnético aún mayor que la gravedad de la Tierra ejercida sobre esa nave espacial. Y Dios «no quiere que nadie perezca, sino que todos se arrepientan». (2 Pedro 3:9)

Dios desea real y verdaderamente que todos regresen a casa a su presencia segura y salvadora, pero hay una barrera, otro aspecto de su carácter perfecto, que causa un problema para toda la humanidad. . . No es solo Houston. La barrera es su santidad y justicia. Debido a su santidad, Dios odia el pecado, incluido el tuyo y el mío, y debido a su justicia, ese pecado debe ser castigado. Separados de Cristo, somos culpables de lo que se nos acusa, y «la paga del pecado es muerte» (Romanos 6:23). 1 Juan 1:5 expresa la santidad de Dios de esta manera:

> «Dios es luz y en él no hay ninguna oscuridad».

Como seres humanos sin Cristo, somos tinieblas, nacemos en ellas, y en nosotros no hay luz en absoluto.

Dios es puro; separados de Cristo no lo somos. Dios es incapaz de pecar. Dios ni siquiera puede ser tentado por el pecado (Santiago 1:13); Cedemos a la tentación muchas veces sin siquiera pestañear. Los ojos de Dios son demasiado santos para mirar o tolerar el mal (Habacuc 1:13); a nosotros, en cambio, nos hace ojitos. Alguien tiene que ceder. Y te daré una pista: no es Dios. Tenemos que acercarnos a Dios en sus términos, no en los nuestros.

Pero en otro sentido, Dios *es* el que da. «Porque tanto amó Dios al mundo que *dio* a su Hijo único, para que todo el que cree en él no se pierda, sino que tenga vida eterna». (Juan 3:16, énfasis mío)

Solo Jesús es el camino a la seguridad con Dios, el camino al Padre en el cielo.

Las dos opciones para el Apolo 13, si fallaba el camino a casa, eran ambas mortales. O se queman con fuego en la atmósfera de la Tierra o se asfixian en la oscuridad del espacio exterior. De cualquier manera, el resultado fue el mismo. Con una advertencia solemne, la Biblia habla de un castigo eterno para aquellos que rechazan o pasan por alto a Jesús. El infierno es descrito como un lugar de fuego inextinguible y de oscuridad.

Así como solo había una forma precisa para que la nave espacial Apolo 13 atravesara la atmósfera de la Tierra, solo hay un camino hacia un Dios santo y amoroso: Jesús. Él mismo lo dijo. «Yo soy el camino, la verdad, y la vida; nadie viene al Padre sino por mí». (Juan 14:6)

Nótese que Jesús no dijo que él era *un* o *uno de muchos caminos. Dijo que era, y es, el camino.*

Jesús es la solución del Padre al problema de cómo satisfacer la santidad y la justicia de Dios, no excusando nuestro pecado y culpa, sino también proporcionándonos el camino a casa para él. Así es como el escritor bíblico Pablo lo expresó:

> «Pues todos hemos pecado; nadie puede alcanzar la meta gloriosa establecida por Dios. Sin embargo, en su gracia, Dios gratuitamente nos hace justos a sus ojos por medio de Cristo Jesús, quien nos liberó del castigo de nuestros pecados. Pues Dios ofreció a Jesús como el sacrificio por el

pecado. Las personas son declaradas justas a los ojos de Dios cuando creen que Jesús sacrificó su vida al derramar su sangre. Ese sacrificio muestra que Dios actuó con justicia cuando se contuvo y no castigó a los que pecaron en el pasado, porque miraba hacia el futuro y de ese modo los incluiría en lo que llevaría a cabo en el tiempo presente. Dios hizo todo eso para demostrar su justicia, porque él mismo es justo e imparcial, y a los pecadores los hace justos a sus ojos cuando creen en Jesús».
(Romanos 3:23-26, NTV)

¡A través de Cristo, Dios es justo (correcto y equitativo) y el justificador (aquel que nos hace justos e inocentes) del que pone su fe en Jesús! En Cristo, nuestra culpa es quitada para siempre.

Vale la pena mencionar una última conexión con el viaje del Apolo 13.

La nave espacial era necesaria para que los tres hombres llegaran a salvo a casa. Mientras permanecieran en el Odyssey, el módulo de mando y servicio del Apolo 13, estaban bien. Estaban a salvo. A la nave espacial, sin embargo, no le fue tan bien. Su exterior estaba chamuscado, maltrecho y golpeado.

Así era Jesús. Jesús fue golpeado, quebrantado y maltratado, y luego murió. Y a pesar de que resucitó totalmente victorioso de entre los muertos, todavía lleva las cicatrices de su viaje. Esas marcas en su cuerpo serán un recordatorio eterno de que el rescate del pecado que no nos cuesta nada le costó todo a Jesús. El camino a Dios no estaba pavimentado sin dolor; el camino al cielo fue construido con sangre, la preciosa sangre de Cristo.

Pero la buena noticia es que todos los que están *en Cristo* regresan a casa, sanos y salvos.

SEGUNDA SEMANA: CANCELAR EL VIAJE DE LA CULPA

PIENSA Y PROCESA:

Jesús es la única manera de ser rescatado y estar a salvo del pecado y la culpa.

RECUERDA ESTA VERDAD:

«Dios es justo y, a la vez, el que justifica a los que tienen fe en Jesús». (Romanos 3:26)

PREGUNTAS PARA REFLEXIONAR:

¿Crees que Jesús es el único camino a Dios? ¿O te parece un poco estrecho e injusto que Dios haga las cosas de esa manera? ¿Por qué sí o por qué no?

HABLA CON DIOS:

Querido Padre, a veces me pregunto acerca de aquellos que nunca han tenido la oportunidad de escuchar acerca de Jesús, y me preocupo por dónde terminarán. Sé que nos has dicho que vayamos a decírselo, pero al final tengo que dejar el asunto en tus manos. La Biblia dice que tú eres tanto el justo como el que justifica al que tiene fe en Jesús, así que la forma en que manejes ese asunto debe ser justa. Supongo que la pregunta aún más aterradora es: «¿Qué pasa con todos aquellos que han oído y, hasta ahora, no creen?» Ayúdame a tener el coraje de instar a las personas a venir a ti ahora, mientras tengan la oportunidad, y también a asegurarme de que te conozco. Eres tan amable y bueno para proporcionar el camino a la seguridad contigo en Cristo, y él es tan grande por haber pasado por tanto para que yo pudiera ser inocente, libre de culpa, sano y salvo en él. ¡Gracias! Amén.

DÍA 10

EL CLUB DE LA GRACIA

A veces, la mejor manera de aprender a apreciar algo es experimentar exactamente lo contrario por un tiempo. ¿Quieres tener un nuevo aprecio por la comida? Intenta ayunar durante tres o cuatro días, y una galleta sabrá como una comida gourmet. Piensa en la última vez que estuviste realmente enfermo, tal vez con la gripe que te arrastró durante unas semanas. ¿Recuerdas lo bien que te sentías al volver a estar sano?

En esta semana, recuerda que estamos viendo cómo Dios nos saca de la condición humanamente desesperada de la culpa y nos declara inocentes por su gracia, a través de nuestra fe en Jesús. ¿Está esa comprensión todavía fresca en tu corazón, o has llegado a dar por sentado estar perdonado? Es fácil hacer eso, especialmente si ha pasado bastante tiempo desde que entraste en relación con Dios por primera vez a través de Cristo. Tal vez necesites, como yo, un breve curso de actualización sobre la desesperación de la culpa para poder celebrar de nuevo el deleite de la gracia.

Espero que el drama de la vida real en la lectura de hoy te ayude a recordar. Tiene lugar en las Filipinas, donde tuve el privilegio de haber trabajado en el mismo ministerio que el notable hombre de esta historia. Permítanme presentarles a Tom y su historia muy personal sobre la culpa y el perdón.[1]

Dirigido por Dios para enfrentar un dolor muy profundo en su vida, Tom entró en una celda de la prisión y miró el rostro del hombre que había asesinado a su hermano mayor a sangre fría. Como suele ocurrir con los pequeños, Tom había crecido admirando, incluso idolatrando, a su hermano mayor.

El asesino, deprimido y cansado, confesó que lo único que quería era encontrar un sacerdote que rezara con él para que pudiera morir. En cambio, Tom y su amigo, un militar, le dieron vida. Compartieron las buenas nuevas de Jesucristo y su perdón. Después de una batalla muy feroz con los poderes de las tinieblas (el prisionero había estado muy involucrado con el ocultismo), el hombre supo que necesitaba y quería al Señor. Con gran dificultad, finalmente pudo exclamar: «Jesús [...] ¡Sálvame!».

Al instante, el cuerpo rígido y convulsionado del hombre se debilitó, y su rostro agonizante se suavizó. ¡Cristo lo había rescatado y lo había liberado! Al darse cuenta de lo que había sucedido, este nuevo seguidor de Jesús se puso en pie de un salto y comenzó a bailar y aplaudir como un niño pequeño, allí mismo en su celda. Alabó a Dios y les dijo a los espíritus malignos: «¡Piérdanse! en el nombre de Jesús».

Mientras los dos hombres se preparaban para irse, el nuevo creyente preguntó sus nombres. El oficial militar se presentó y luego el hombre que lo acompañaba, Tom Roxas.

«¿¡Roxas?!» El hombre jadeó ante el familiar apellido y se tambaleó. El prisionero se dio cuenta de repente de que había matado al hermano mayor de Tom. La víctima había sido un

---

1. Adaptado de Nena Benigno, Sharing the Freedom of Forgiveness (Compartir la Libertad del Perdón)," *People Reaching People* (*Personas que alcanzan a personas*) (Philippine Campus Crusade for Christ), vol. XI, no. 1 (September 1, 1992): 7.

periodista, asesinado porque estaba haciendo una investigación para una denuncia sobre el crimen organizado en Manila.

—Sí, es el hermano del hombre que mataste —confirmó el amigo de Tom—.

De repente, el prisionero cayó al suelo, con el rostro a los pies de Tom, sollozando: «¡Perdóname, perdóname!».

Tom se arrodilló, lo levantó y lo miró, diciendo: «Cristo me ha perdonado, y yo también te he perdonado a ti». En un arrebato de emoción, se abrazaron, lloraron de alegría y alabaron a Dios juntos... como hermanos.

Unos días más tarde, Tom y su amigo visitaron a su nuevo hermano para asegurarle de nuevo su salvación. «Antes no podía mirarte a los ojos», confesó el prisionero. «Si yo estuviera en tu lugar, me herviría la sangre. Ciertamente Cristo debe estar en ti, porque ningún hombre ordinario podría perdonarme como tú lo has hecho».

El nuevo creyente continuó asegurándole a Tom y a su amigo que sabía que el mismo Cristo ahora vivía en él. ¡Ya había compartido gozosamente las buenas nuevas de esperanza y perdón con otro compañero de celda!

Qué historia tan increíble, y toda verdadera. Un asesino culpable es perdonado por la eternidad por el juez justo, el Señor Jesucristo. Y así, un prisionero tras las rejas por el resto de su vida es liberado, más libre que muchos de los que caminan fuera de esos mismos muros de la prisión.

Es fácil sentirse conmovido por este nivel de perdón de Dios (¡y de Tom!) hacia un hombre tan culpable y desesperado. Después de todo, un asesino a sangre fría es lo más bajo que se puede llegar a ser, especialmente cuando el asesinado es un hombre justo.

Pero ¿qué hay de ti y de mí? Lo más probable es que no estés leyendo este devocional mientras estás tras las rejas (aunque si lo estás, espero que encuentres un gran estímulo en él). Es posible que, como yo, mires hacia atrás en tu vida y recuerdes incidentes en los que mentiste o hablaste con dureza, odio e incluso de manera hiriente. Tal vez abandonaste una relación y dejaste a alguien maltratado y roto. Pero, en general, no nos vemos a nosotros mismos como si fuéramos tan malos, ¿verdad?

¿Alguna vez te has enojado con alguien? ¿Alguna vez has perdido los estribos y has llamado a alguien algo desagradable? ¿Alguna vez has menospreciado a alguien y lo has humillado abierta y públicamente? Si es así, bienvenido al club.

Aunque nos encojamos de hombros y pensemos: «¡Bueno, nadie es perfecto!», Jesús nos dijo que perder la calma es algo serio. Esto es lo que él dijo:

> «Ustedes han oído que se dijo a sus antepasados: "No mates". También se les dijo que todo el que mate quedará sujeto al juicio del tribunal. Pero yo digo que todo el que se enoje con su hermano quedará sujeto al juicio del tribunal. Es más, cualquiera que insulte a su hermano quedará sujeto al juicio del Consejo. Y cualquiera que le diga: "Insensato", quedará sujeto al fuego del infierno».
> (Mateo 5:21-22)

 Cosas pesadas, ¿eh? Quiero decir, a primera vista, sin Cristo, puedo ver fácilmente que el asesino del hermano de Tom Roxas merecía ir al infierno, ¡pero no yo! De todos modos, ¿cuál es el problema? Después de todo, todo el mundo se enfada de vez en cuando, ¿verdad? Pero cuando miro de cerca lo que Jesús dijo y enfrento honestamente la ira y el odio que solían llenar mi vida antes de Cristo, tengo que admitir que puedo verme a mí mismo siendo conducido a la misma celda que el asesino a sangre fría en prisión, tan necesitado de la gracia perdonadora de Dios como él. ¿Tú puedes?

El apóstol Pablo parecía estar recalcando ese mismo punto en Romanos 3:9-12:

> «¿A qué conclusión llegamos? ¿Acaso los judíos somos mejores? ¡De ninguna manera! Ya hemos demostrado que tanto los judíos como los que

no son judíos están bajo el pecado. Así está escrito: "No hay un solo justo, ni siquiera uno; no hay nadie que entienda, nadie que busque a Dios. Todos se han descarriado; juntos se han corrompido. No hay nadie que haga lo bueno; ¡no hay uno solo!"».

¿Sientes que la actitud defensiva se eleva en tu corazón ante estas palabras? ¿Te sientes obligado a objetar que estas palabras son una acusación demasiado dura para el alma humana? ¿Te encuentras lanzándote con todas tus fuerzas en contra de la palabra de Dios que busca arrojar «a mi yo precristiano» a la misma celda que el asesino del hermano de Tom Roxas?

A veces es difícil enfrentar la verdad.

Por muy buenos que pensáramos que éramos, separados de Cristo, ninguno de nosotros buscó a Dios. Los muertos no pueden buscar nada. Y todos nosotros estábamos (espiritualmente) muertos en nuestros pecados (Efesios 2:1). Estábamos separados de la vida de Dios sin esperanza de encontrarlo por nuestra cuenta.

Pero Dios...

Esas pueden ser las dos palabras más maravillosas de la Biblia.

> «Pero Dios, que es rico en misericordia, por su gran amor por nosotros, nos dio vida con Cristo, aun cuando estábamos muertos en pecados. ¡Por gracia ustedes han sido salvados! Y en unión con Cristo Jesús, Dios nos resucitó y nos hizo sentar con él en las regiones celestiales, para mostrar en los tiempos venideros la incomparable riqueza de su gracia, que por su bondad derramó sobre nosotros en Cristo Jesús». (Efesios 2:4-7)

Estábamos perdidos.
Dios nos buscó y nos encontró.

Estábamos muertos.

Dios nos dio vida para que pudiéramos responder a su llamado para venir a él.

No podíamos salvarnos a nosotros mismos.
Dios nos rescató por su gracia.

Estábamos en prisión, en el corredor de la muerte.
Dios nos resucitó y nos liberó.

Estábamos solos, abandonados, desamparados y sin esperanza. Dios nos trajo al cielo sentándonos a su lado, para que durante el resto de la eternidad pudiera amarnos, abrazarnos y derramar actos de bondad sobre nosotros en Cristo.

> «El Señor hace justicia a los oprimidos, da de comer a los hambrientos y pone en libertad a los cautivos». (Salmo 146:7)

Bienvenidos al clu..., no el Club de los Condenados, sino el Club de los Criminales Condenados Liberados por la Gracia de Dios.

PIENSA Y PROCESA:

Separado de Cristo, cada uno de nosotros era un criminal condenado.

RECUERDA ESTA VERDAD:

—Pero Dios… (Efesios 2:4)

PREGUNTAS PARA REFLEXIONAR:

¿Tienes la seguridad en tu corazón de que has sido perdonado y rescatado del castigo del pecado a través de Cristo? Si tu respuesta es sí, ¿cómo lo sabes? Si no la tienes, ¿qué debes hacer hoy para salir de esa celda de culpa?

HABLA CON DIOS:

Querido Padre, con el tiempo, es fácil olvidar hasta qué punto de desesperación llegaba la condición de mi alma, antes de que me rescataras. Los recuerdos de tu misericordia y la gratitud por tu gracia pueden desvanecerse con los años. Tal vez por eso el apóstol Pablo, aunque sabía que era un hijo redimido de Dios, un santo, todavía se refería a sí mismo como el primero de los pecadores. Nunca quiso olvidar lo completamente culpable y perdido que estaba sin ti y lo completamente indigno que era de tu gracia salvadora. Señor, por muy incómodo que me haga sentir, reconozco de buena gana que, separado de Cristo, podría ser el compañero de celda en la cárcel de ese asesino a sangre fría. Pero te doy gracias de que ya no es así. A través de tu gracia y mi fe solo en Jesús para perdonarme, me has liberado de la culpa, y ahora soy inocente de todos los cargos. ¡Qué alivio! Por favor, ayuda a que este reconocimiento de tu asombrosa gracia no disminuya, sino que crezca más y más fuerte cada día hasta que finalmente pueda agradecerte cara a cara. No puedo esperar. Amén.

DÍA 11

CAYÓ EL MARTILLO

Sé lo que es sentirse culpable. Aproximadamente un año y medio después de haberme convertido en un seguidor de Cristo, estaba celebrando mi vigésimo cumpleaños con mis amigos de la universidad en una de sus habitaciones en el piso de mi dormitorio. Había estado bebiendo bastante toda la noche cuando sonó la alarma de uno de mis compañeros: «¡Tu hermano viene por el pasillo!». Bien podría haber sido el apóstol Pedro, en lo que a mí respecta.

Mi hermano había sido el primero en hablarme de Jesús, y era un seguidor sincero y constante del Señor. Definitivamente estaba luchando espiritualmente. Rápidamente escondí mi botella de cerveza y traté de parecer sobrio. ¿Alguna vez has tratado de parecer sobrio cuando estás casi ebrio? Buena suerte. ¡Es mejor que trates de no parecer embarazada a los ocho meses!

Cuando mi hermano entró, su rostro brillante cayó de inmediato. Podía leer decepción por todas partes.

—Feliz cumpleaños, Rich —dijo mi hermano, con la voz más alegre que pudo reunir—.

Un poco torpemente, me entregó un regalo. Era un libro. Temía abrirlo, sospechando que las cosas estaban a punto de ir de mal en peor. Así fue. Mis temores se hicieron realidad cuando lo abrí y vi que era *El plan maestro de evangelismo* de Robert Coleman. A mis amigos fiesteros les hizo un poco de gracia toda la escena, ya que nunca me había esforzado mucho por hablarles de mi fe, aunque sabían que era cristiano. Quería meterme en un agujero.

Afortunadamente, mi hermano se fue rápidamente. Los horribles sentimientos de culpa que experimenté pronto se ahogaron en unas cuantas botellas más de cerveza. Alrededor de las 11 p.m. estaba totalmente borracho.

Mis amigos, sintiendo la oportunidad de aprovecharse de mi condición de indefensión, me envolvieron en una sábana y me llevaron al ascensor del dormitorio. Apretando todos los botones (para asegurarse de que haría una gran aparición en cada uno de los ocho pisos), cerraron las puertas del ascensor y se fueron a festejar un poco más.

La culpa y la vergüenza volvieron a inundarme cuando llegué a cada piso y tuve que lidiar con todos los señalamientos, burlas y risas. Para empeorar las cosas, estaba empezando a sentirme muy mal.

De alguna manera pude retorcerme para salir del ascensor cuando llegó a mi piso. Salí arrastrándome y me acurruqué en un rincón del vestíbulo del cuarto piso, para dormir. Era realmente patético. Un rato después me desperté, y en ese momento estaba sintiendo tantas náuseas que creo que hice un voto de convertirme en sacerdote o algo así, si Dios me guardaba de vomitar.

Con el tiempo, me abrí paso por el pasillo hacia mi habitación, llamando a varias puertas, esperando ayuda. No había nadie alrededor. Después de probablemente una hora más o menos, regresé a mi habitación. Mi compañero de cuarto estaba en la cama, pero no dormido.

«Oh, no», pensé. «Aquí viene el sermón». Si mi hermano era el apóstol Pedro, mi compañero de cuarto era el apóstol Bob. Bob era su nombre. Esperé a que cayera el martillo mientras me metía en la cama.

De repente, mis amigos entraron en la habitación. Al darse cuenta de que mis pies y la parte inferior de mis piernas colgaban de los pies de mi cama, me agarraron de los tobillos y empujaron mi cuerpo hacia adelante, empujando mi cabeza contra la pared. Debería haber estado en agonía, pero no sentí nada.

Probablemente asumiendo que estaba muerto y, por lo tanto, no era divertido, mis amigos me dejaron solo con mi compañero de cuarto. Si la culpa fuera sudor, mi ropa habría estado empapada. Me pregunté qué iba a decir mi compañero de cuarto. Me preparé con una rápida refutación, preparado para contraatacar si recibía una dura reprimenda o un sermón condenatorio.

Todo lo que dijo en voz baja fue: «¿De verdad crees que esto le glorifica a Dios?». Y luego se fue a dormir.

Como seguidor de Cristo, debería haber sabido qué hacer. Pero no lo hice. No pude. Y no sabía cómo volver a estar cerca de Jesús.

En los días siguientes, fácilmente podría haber sido tragado por las arenas movedizas de la culpa y la vergüenza, pero no fue así. Incluso en medio de mi pecado, me había encontrado cara a cara con la gracia dos veces en una noche y, aunque no me di cuenta en ese momento, la gracia estaba a punto de tomarme de la mano y llevarme de regreso a Jesús unos meses después.

Dependiendo de su formación y antecedentes en la iglesia, algunas personas se apresurarían a sacar una o más de las siguientes conclusiones sobre mi historia:

1. Bueno, él pudo haber *pensado* que era cristiano en ese momento, pero según cómo vivía, está claro que no lo era.

2. Su hermano y su compañero de cuarto perdieron una oportunidad. ¡Deberían haber aplicado la ley con él por su embriaguez y enseñarle una lección que no olvidaría fácilmente!

3. ¡Seguro que Dios le dio un buen azote por ese lamentable comportamiento!

Para ser totalmente honesto, era el espíritu detrás de ese tipo de comentarios lo que esperaba de mi hermano y de mi compañero de cuarto. Pero se manifestó un espíritu diferente. Era un espíritu de gracia.

Para algunos que lean este devocional, será una sorpresa saber que antes de esa fiesta de cumpleaños no había duda de que había confiado en Jesús para que me perdonara, y que estaba en Cristo y Cristo estaba en mí. ¿Estaba yo caminando con el Señor en el momento de esta triste historia, manteniéndome al paso de su Espíritu? Claramente no. Pero relacionalmente yo era hijo de Dios. Beber demasiado no cambió eso.

Entonces, ¿cómo me vio Dios a mí y a mi pecado esa noche? Echemos un vistazo a varias escrituras:

> «[Dios] nos predestinó para ser adoptados como hijos suyos por medio de Jesucristo, según el buen propósito de su voluntad, para alabanza de su gloriosa gracia, que nos concedió en su Amado. En él tenemos la redención mediante su sangre, el perdón de nuestros pecados, conforme a las riquezas de su gracia la cual Dios nos dio en abundancia con toda sabiduría y entendimiento». (Efesios 1:5-8)

> «Él nos libró del dominio de la oscuridad y nos trasladó al reino de su amado Hijo, en quien tenemos redención y perdón de pecados». (Colosenses 1:13-14)

> «Antes de recibir esa circuncisión, ustedes estaban muertos en sus transgresiones. Sin embargo, Dios nos dio vida en unión con Cristo, al perdonarnos todos los pecados y anular la deuda que teníamos pendiente por los requisitos de la Ley. Él anuló esa deuda que nos era adversa, clavándola en la cruz». (Colosenses 2:13-14)

Con base en estas Escrituras, está claro cómo Dios me vio a mí y a mi pecado esa noche. Y, por cierto, ya que todos pecamos incluso después de llegar a conocer a Jesús, ¡así es como él te ve a ti y a tu pecado también!

Primero, yo era el hijo adoptivo de Dios antes de pecar. Fui hijo adoptivo de Dios después de pecar. Nada cambió en la relación entre el Padre y yo cuando pequé.

En segundo lugar, ya no formaba parte del dominio de las tinieblas; me habían sacado de ese lugar oscuro y me habían llevado al reino de Jesús. Mi comportamiento, entonces, era inconsistente con lo que yo era. No lo sabía en ese momento, y eso era parte del problema. Pero Dios lo sabía, y estaba amorosamente decidido a enseñarme cómo vivir correctamente en su reino como un santo, un hijo de Dios.

Tercero, cuando Cristo murió, toda la desagradable lista de mis desagradables pecados fue clavada en la cruz, donde Jesús lo pagó todo. Mis pecados de embriaguez y rebelión contra su liderazgo estaban en esa lista. ¡Ya había sido perdonado por esos pecados incluso antes de cometerlos!

Cuarto, los actos de gracia que mi hermano y mi compañero de cuarto me mostraron fueron solo susurros de la asombrosa gracia que Dios me prodiga ahora y continuará prodigándome incondicionalmente a lo largo de toda mi vida.

A finales de esta semana analizaremos más de cerca los *sentimientos de culpa* y de qué se tratan realmente. Pero por ahora, si estás en Cristo y Cristo está en ti, el veredicto dado sobre tu vida es NO CULPABLE, en virtud de que Jesús sufrió y murió en tu lugar y tu fe en él basta para perdonarte.

No solo tus pecados pasados son los perdonados en Cristo. Todos estaban en el futuro cuando Cristo murió. No, tus pecados pasados, tus pecados presentes y tus pecados futuros han sido perdonados en Cristo. Colosenses 2:13 dice que él ha perdonado *todas tus transgresiones*. Todo significa todo. Algunos, no. No la mayoría. No solo los que cometiste antes de que abrieras tu corazón a Cristo. No solo los que te acuerdas de confesar. Todos.

Tú eres justo. Tú eres santo. Eres perdonado. Estás vivo. Tú no eres culpable.

Muchos de nosotros estamos esperando que caiga el martillo, esperando que Dios nos derribe por nuestros pecados. Como el Dr. Neil Anderson ha dicho muchas veces: «Hijo de Dios, el martillo ya cayó. Cayó sobre Cristo». Lo que cae sobre ti ahora es la gracia de Dios: la gracia para cambiar, la gracia para hacer lo correcto, la gracia para creer que Dios te ama incluso cuando pecas.

SEGUNDA SEMANA: CANCELAR EL VIAJE DE LA CULPA

PIENSA Y PROCESA:

En Cristo, tu culpa ha sido quitada.
Eres NO CULPABLE.

RECUERDA ESTA VERDAD:

«En él tenemos la redención mediante su sangre, el perdón de nuestros pecados, conforme a las riquezas de su gracia la cual Dios nos dio en abundancia con toda sabiduría y entendimiento». (Efesios 1:7-8)

PREGUNTAS PARA REFLEXIONAR:

¿Puede ser cierto que *todos* tus pecados y mis pecados han sido quitados de nosotros en Cristo, y que real y verdaderamente somos completamente perdonados? ¿Crees eso? ¿Qué tipo de impacto tiene esa noticia en ti?

HABLA CON DIOS:

Amado Padre, parece que muchos de tu pueblo, así como muchas de tus iglesias, obtienen algún tipo de rara energía espiritual, al recordarle a la gente su pecaminosidad y hacerles sentir siempre por lo menos alguna culpa. Es como si fuera la norma, lo esperado, sentirse culpable. Basado en tu Palabra, eso es un poco espeluznante, porque lo que hace que las buenas noticias sean tan buenas es que la culpa ciertamente se ha ido. El perdón es cien por ciento completo. Jesús lo dijo en serio en la cruz cuando exclamó: «¡Consumado es!». La única alternativa a esta vida de libertad en tu gracia es algún tipo de sistema de obras por el cual, de alguna manera, tenemos que mantener nuestras narices limpias o desempeñarnos francamente bien religiosamente para permanecer en tu buena gracia. Pero tu palabra dice que, si la remoción de nuestra culpa es por obras, ya no es por gracia, porque entonces la gracia ya no sería gracia (Romanos 11:6). Así que, la obra hecha para nuestro rescate del pecado es tu obra o la nuestra. No pueden ser las dos. Gracias porque siendo justificados por tu gracia, somos herederos de la esperanza de recibir la vida eterna (Tito 3:7). Es un alivio saber que mi pecado no puede arruinar este sistema porque tu gracia es más fuerte que mi pecado. Eso no me hace querer pecar más. Me hace querer vivir mi vida de una manera que honre a un Dios como tú, que hace eso por mí. Amén.

DÍA 12

CREER EN LOS HECHOS DEL PERDÓN

Es peremos que a estas alturas ya estés recibiendo el mensaje: En Cristo, la culpa ha desaparecido por completo. Cero. Nulo. Nada. La culpa ni siquiera entra en la ecuación con alguien que es un verdadero seguidor de Cristo. ¿Por qué? Porque no estamos bajo la ley, estamos bajo la gracia. ¡Y la gracia es el gran removedor de culpa!

Lo sé, lo sé. Parece difícil de creer. Demasiado bueno para ser verdad. Pero es bueno y es verdad. Solo sigue pensando y orando a través de los versículos de las Escrituras que hemos estado señalando esta semana. Pídele al Señor que ilumine los ojos de tu entendimiento. Si las luces aún no se han encendido, aguanta, lo harán.

Creo que parte de nuestra lucha por dejar de lado la culpa se debe al hecho de que en algún momento del camino llegamos a una especie de conclusión extraña, como: «Sí, eso probablemente sea cierto para otros cristianos mejores, pero no creo que se aplique a mí». Tal vez algunos de nosotros no pensamos que sea posible que toda nuestra culpa haya desaparecido, porque sentimos que lo que hemos hecho es muy malo. Hemos decepcionado demasiado a Dios o hemos decepcionado profundamente a nuestros padres, a nosotros mismos o a otros. Después de todo, deberíamos haberlo sabido hacer mejor.

¿Será que tu problema no es que Dios no te haya perdonado (porque si estás en Cristo, él ya lo ha hecho) sino que no te has perdonado a ti mismo?

Perdonarte a ti mismo no consiste en tratar de abrumar tu diálogo interno negativo con mensajes consistentes, persistentes, cálidos, difusos y aduladores. Perdonarse a sí mismo no es cuestión de disimular los hechos. Se trata de hacerles frente, tener fe, creer en los hechos.

Explicaré más sobre eso en un minuto, pero primero voy a cambiar un poco de tema. Esto puede parecer un rastro de conejo, pero no te preocupes, no nos llevará a una madriguera de conejo. El «rastro de los conejos» nos lleva a un estanque en Jerusalén llamado Bethesda y a un hombre discapacitado que había estado acostado allí durante treinta y ocho años. Se rumoreaba que, en ciertos momentos al azar, un ángel agitaba las aguas de esa piscina, y quien saltaba primero a la piscina podía jugar a Marco Polo. Es broma. Se supone que él o ella sanaría.

Ahora, es difícil imaginar a Dios recompensando a la persona que era lo suficientemente joven o lo suficientemente rápida, o no lo suficientemente coja como para vencer a todos los demás. Pero esa es la historia que circulaba en ese momento.

Volvamos al hombre de la piscina. Tuvo un encuentro con Jesús. Retomemos la historia:

> «Cuando Jesús lo vio tirado en el suelo y se enteró de que ya tenía mucho tiempo de estar así, le preguntó: — ¿Quieres quedar sano?» (Juan 5:6)

SEGUNDA SEMANA: CANCELAR EL VIAJE DE LA CULPA

En un minuto veremos cómo responde el hombre, pero mientras escucho a Jesús, me cuesta imaginar una pregunta más sórdida u ofensiva. ¿Te imaginas ir a la sala de cáncer de un hospital y preguntar a la gente si les gustaría curarse? Me imagino los rostros de las personas contorsionándose de ira, respondiendo con respuestas sarcásticas como: «No, la verdad es que me gusta estar enfermo y miserable. Deberías probarlo alguna vez».

Y, sin embargo, aunque la pregunta de Jesús pudo haber sido un poco ofensiva, no fue sórdida. De hecho, fue directo al corazón de la condición del hombre discapacitado. Las preguntas de Jesús siempre tenían una manera de lograr eso.

> «—Señor —respondió—, no tengo a nadie que me meta en el estanque mientras se agita el agua y, cuando trato de hacerlo, otro se mete antes». (Juan 5:7)

Tienes que sentir lástima por el tipo. Tan cerca, pero tan lejos. Ver a todos los demás obtener su milagro, pero nunca obtener el tuyo. Solo podemos imaginar lo que debe haber sido eso para el hombre.

Me hace preguntarme cosas. ¿Por qué Jesús fue a ese hombre y no a otro? ¿Por qué le hizo esa pregunta? ¿Es posible que el hombre se hubiera acostumbrado a la idea de ser cojo? Después de todo, con treinta y ocho años de fracaso, fácilmente podrías llegar a aceptar que ese es tu destino en la vida.

Probablemente era uno de los más ancianos del estanque de Bethesda, con muchas historias emocionantes que contar de milagros que casi ocurrieron. Tal vez crea que no merecía ser sanado debido a algún terrible pecado que había cometido.

> «Después de esto Jesús lo encontró en el Templo y le dijo: —Mira, ya has quedado sano. No vuelvas a pecar, no sea que te ocurra algo peor». (Juan 5:14).

Aunque no conocemos al hombre y sólo podemos especular sobre su situación en la vida, no es difícil imaginar que, con el tiempo, había perdido toda esperanza. Tal vez simplemente había llegado a creer que su identidad era la del hombre discapacitado junto a la piscina que nunca se recuperaría.

A veces pienso que podemos llegar a una situación similar. Debido a que hemos pecado, aceptamos una especie de ciudadanía cristiana de «segunda clase», pensando que lo que merecemos es una vida en la que no hemos sido perdonados ni estamos bien con Dios. Que es nuestra suerte en la vida, nuestra identidad. Y así nos dejamos atormentar por sentimientos de culpa, aceptándolos como una especie de castigo, nuestra penitencia por las malas acciones. De alguna manera, no creemos que seamos dignos de recibir plenamente la absolución de Dios de nuestra culpa porque hemos sido tan malos o hemos fallado tantas veces.

Suena noble, de una manera deprimente, ¿no?

Bueno, para terminar nuestro viaje por el rastro del conejo, es posible que te interese saber que Jesús no le dijo al hombre: «Bueno, perdedor, estás obteniendo lo que te mereces. Tu pecado es tan malo que debieras estar agradecido de estar vivo. Deberías dar volteretas de alegría. . . si pudieras, aunque, obviamente, no puedes porque eres discapacitado». No, Jesús dijo: «Levántate, recoge tu camilla y anda». (Juan 5:8)

Jesús lo sanó. Fin de la historia del rastro del conejo.

Ahora, no sé dónde estás en tu caminar de fe, pero si realmente has luchado para dejar ir tu culpa y creer (¡fe!) la verdad de Dios sobre tu perdón, tal vez sea hora de que dejes de andar alrededor de la piscina de malas excusas, y te levantes y comiences a caminar. Perdón por ser tan franco, pero eso es, más o menos, lo que Jesús le estaba diciendo al hombre en la piscina. ¿No es así?

Por cierto, no hay nada noble en aferrarse a la culpa cuando Dios dice que no eres culpable. No logras nada, excepto perder tu tiempo y energía.

No hay nada noble en mirar la palabra de Dios de frente y negar que se aplica a ti, porque lo que has hecho es demasiado horrible o piensas que has fallado demasiadas veces para ser perdonado. Jesús dijo en la cruz: «Consumado es», y lo dijo en serio. Todos tus pecados y mis pecados fueron «pagados en su totalidad» por Jesús en la cruz. Eso es lo que significa la palabra aramea *Tetelestai*, que Jesús exclamó en la cruz (véase Juan 19:30).

Permíteme animarte a que saques un pedazo de papel y escribas en él todas las cosas que has hecho en tu vida, que estás teniendo en contra de ti mismo. Las cosas por las que te sientes de veras culpable. Una vez que hayas hecho eso, escribe en esa página o páginas: «La sangre de Jesús, el Hijo de Dios, me limpia de todo pecado». Eso está sacado de 1 Juan 1:7 y, porque estás caminando en la luz con Dios, se aplica a ti acerca de lo que has hecho. Mejor aún, haz este breve ejercicio con alguien en quien confíes.

Ahora haz algo radical con esa lista. Rómpela. O, si es seguro hacerlo, quémala. O entiérrala y no la desentierres ya. Y mientras lo haces, haz una declaración, algo así como:

> Esto finalmente se acabó. La sangre de Jesús me ha limpiado de todos mis pecados, y me niego a tenerlos en mi contra por más tiempo. Los dejé ir a todos, así como a todos los sentimientos de culpa que los acompañaban. Ya que Dios me perdona, es correcto perdonarme a mí mismo, porque los caminos de Dios son perfectos. Rechazo todas y cada una de las acusaciones del diablo que me tentarían a pensar que no soy perdonado o que no soy digno de ser perdonado. Acepto completamente mi perdón en Cristo, todo por tu gracia, amado Señor. Gracias, Padre, porque soy perdonado y libre, inocente y no culpable, en Cristo... ¡para siempre!

PIENSA Y PROCESA:

Ya que Dios dice que estoy perdonado, puedo y necesito perdonarme a mí mismo.

RECUERDA ESTA VERDAD:

«La sangre de Jesucristo, su Hijo, nos limpia de todo pecado». (1 Juan 1:7)

PREGUNTAS PARA REFLEXIONAR:

Si está tan claro en la palabra de Dios que todos los que están en Cristo son perdonados y no son culpables (son inocentes), ¿por qué luchamos por perdonarnos a nosotros mismos?

HABLA CON DIOS:

Querido Padre, parece que hay una verdadera batalla en mi mente en esta área del perdón. Por un lado, aferrarse a la gracia y dejar ir esta culpa inquietante debería ser el ABC del cristianismo. Lo básico. Y, sin embargo, es casi como si hubiera una fuerza restrictiva, que está tratando de evitar que salga de los tacos de salida y entre en la carrera. Sospecho que eso se debe a que hay algo tan liberador en saber que somos perdonados y, por lo tanto, tan amenazante para el diablo, que está obligado y decidido a tratar de disuadirnos de creer que realmente no somos culpables en Cristo. Si tengo razón en esta sospecha, entonces más que nunca quiero... no, elijo... creer lo que dices de mí. Te doy gracias porque en Cristo soy completamente aceptado, totalmente perdonado y amado incondicionalmente, ya sea que mis sentimientos estén de acuerdo con esas declaraciones o no. Elijo creer en los hechos, incluso cuando esos hechos están en oposición directa a mis sentimientos. Y confío en que esos sentimientos, a su debido tiempo, me acompañarán en el viaje obedientemente. Amén.

DÍA 13

LA DEFENSA DESCANSA

Recuerdo el momento con mucha claridad. Mi esposa, Shirley, y yo asistíamos a una conferencia que el Dr. Neil Anderson estaba presentando en la Primera Iglesia Evangélica Libre en Fullerton, California. Esa resultó ser la iglesia donde el conocido maestro de la Biblia, el Dr. Chuck Swindoll, pastoreaba en ese momento. Era un auditorio enorme y estaba lleno de gente.

Neil acababa de terminar de hablar sobre nuestra identidad en Cristo, y resultó que estábamos sentados al lado de alguien que conocíamos de nuestro ministerio anterior. De repente, esta amiga nuestra se puso en pie y dijo, en voz bastante alta: «¡Eso es mentira!».

Pensando en ese arrebato, me alegro de que esperara hasta el descanso en lugar de soltarlo durante el mensaje de Neil. De todos modos, Shirley y yo nos volvimos rápidamente para mirarla y le pregunté: «¿Qué es mentira?».

—«Es que tuve la idea de que Dios va a tocar la vida de todos en esta habitación, excepto la mía».

—«Tienes razón», le respondí. «Eso es una mentira. Dios te ama tanto como ama a cualquier otra persona en este lugar. Y él está tan interesado en obrar en tu vida como lo está en la vida de cualquier otra persona».

Me alegro de que Stacey (nombre ficticio) reconociera que ese pensamiento era una mentira. La pregunta es, ¿de dónde salió? Después de todo, estábamos en el edificio de una iglesia y estábamos escuchando buenas enseñanzas bíblicas.

Hace varios años, estaba aconsejando a un joven que estaba luchando por entender la gracia y el perdón de Dios. Jeremy (nombre ficticio) tenía un problema con la masturbación, y, no mucho antes de que nos conociéramos, le vino a la mente un poderoso pensamiento de que, si se masturbaba una vez más, Dios lo abandonaría. Como resultado, Jeremy creía sinceramente que Dios estaba harto de él, y que, si volvía a equivocarse, perdería su salvación. Finalmente cedió a esa tentación y tuvo la horrible sensación de que el Espíritu Santo estaba saliendo de su vida. Estaba comprensiblemente horrorizado.

¿Qué tienen en común estas dos instancias? Ambas involucran a los seguidores sinceros de Dios siendo atacados por los pensamientos del acusador de los hermanos (véase Apocalipsis 12:10). La estrategia de acusación de Satanás está diseñada para persuadirnos a creer que somos menos de lo que Dios dice que somos en Cristo y que, en cierto modo, no somos dignos de ser amados o perdonados.

Stacey estaba bajo ataque con los pensamientos de que Dios realmente no la amaba, que ella era la «excepción a la regla» y que había algo inherentemente inferior en ella que haría que las bendiciones de Dios pasaran de largo.

Jeremy fue objeto de un ataque enemigo que trató de convencerlo de que se le había negado la gracia y el perdón de Dios debido a su esclavitud sexual. Llegó a creer que Dios era demasiado santo, y que él (Jeremy) era demasiado impío, para que el Señor lo perdonara y permaneciera en su vida. Está claro que el diablo fabricó una experiencia que se sentía como si el Espíritu Santo se fuera, y ese momento de engaño convenció aún más a Jeremy de que estaba condenado.

Tal vez hayas tenido una experiencia en la que la verdad de la palabra de Dios parecía ahogada por pensamientos de «fatalidad y pesimismo». Tal vez has estado pasando por estos devocionales y parece que, cada vez que se presenta una escritura que debería darte esperanza y consuelo, los pensamientos negativos se la tragan. Y sigues sintiéndote culpable, no amado o indigno.

Una de las cosas que todos debemos tener en cuenta es que no hay una ubicación geográfica de este lado del cielo donde estemos completamente a salvo de los ataques del enemigo. Estar en un edificio de la iglesia no es garantía. Estar en una gran conferencia de enseñanza bíblica no otorga inmunidad automática. Incluso la oración no proporciona un escudo infalible contra las estrategias del diablo.

Les contaré en un minuto cómo terminaron las dos historias, pero antes de ir allí, escuchemos a escondidas un drama bastante notable con un elenco aún más notable:

> «Entonces me mostró a Josué, el sumo sacerdote, que estaba de pie ante el ángel del Señor y a Satanás, que estaba a su mano derecha para acusarlo. El ángel del Señor dijo a Satanás: "¡Que te reprenda el Señor, quien ha escogido a Jerusalén! ¡Que el Señor te reprenda, Satanás! ¿No es este hombre un tizón rescatado del fuego?". Josué estaba vestido con ropas sucias en presencia del ángel». (Zacarías 3:1-3)

Este drama, descrito por el profeta Zacarías, representa a un hombre de Dios (Josué) que había cometido un pecado grave. No sabemos lo que es, y no necesitamos saber lo que es. Fuera lo que fuese, Satanás estaba por todas partes, como un enjambre de moscas sobre la basura. Casi se le oía burlarse: «¿Que hiciste *qué*?» ¿Ves lo sucio y mugriento que está, Señor? ¡Hay que castigarlo! ¿Cómo puedes estar aquí en la presencia de tal santidad, Josué? Has defraudado a toda la ciudad santa de Jerusalén. ¡Eres repugnante! ¡No eres digno de ser sumo sacerdote!».

Al igual que el fiscal más severo, Satanás puede ser implacable.

Sin embargo, fíjate en algo. ¿Quién lo defiende? Así es, el SEÑOR. El SEÑOR mismo le dice a Satanás que se calle. Y lo hace. Tiene que hacerlo. Veamos cómo termina la historia:

> «Así que el ángel dijo a los que estaban allí, delante de él:" ¡Quítenle las ropas sucias!". Y a Josué dijo: "Como puedes ver, ya te he liberado de tu culpa; ahora voy a vestirte con ropas de gala"». (Zacarías 3:4)

¿Te suena familiar? Así es. Ponerle una túnica nueva y limpia fue exactamente lo que el padre hizo con su hijo menor en la historia del hijo pródigo (Lucas 15). Así como el hijo fue limpiado y restaurado, igualmente lo fue Josué en la historia de Zacarías 3.

El ángel del SEÑOR (que muchos creen que en realidad era Jesús) le quitó a Josué las vestiduras sucias, que simbolizaban su terrible pecado, y luego fue vestido, una vez más, con las vestiduras justas, propias de un sumo sacerdote. De hecho, le dieron un turbante nuevo y limpio para su cabeza (como nos cuenta la historia).

Tal vez puedas relacionarte con Josué. Debido a las cosas malas que has hecho, te sientes tan fuera de lugar con Dios como se sentiría un hombre con ropa de entrenamiento, sucia y sudorosa, en un gran banquete lleno de hombres con esmoquin y mujeres con trajes de noche.

Pero si estás en Cristo, puedes decirle a Satanás y a todas sus acusaciones: «¡El SEÑOR te reprenda, Satanás! ¡Dios ha quitado mi iniquidad!». Luego recuérdale esta Escritura, diciéndola en voz alta con autoridad:

> «¿Qué diremos frente a esto? Si Dios está de nuestra parte, ¿quién puede estar en contra nuestra? 32 El que no escatimó ni a su propio Hijo, sino que lo entregó por todos nosotros, ¿cómo no habrá de darnos generosamente, junto con él, todas las cosas? 33 ¿Quién acusará a los que Dios ha escogido? Dios es el que justifica. 34 ¿Quién condenará?». (Romanos 8:31-34a)

En tu batalla por creer que eres verdaderamente limpio, perdonado y justo a los ojos de Dios, ten en cuenta que tienes un enemigo que te acusa. Su nombre es Satanás, el diablo. Sus acusaciones pueden ser brutales y a menudo «parecen» ciertas. Pero no le creas. Es un mentiroso y el padre de la mentira (véase Juan 8:44).

Te alegrará saber que Stacey disfrutó plenamente de la conferencia, y que el Señor hizo cosas maravillosas en su vida. Ahora sabe que el amor del Padre por ella es asombroso (vea 1 Juan 3:1-3), y que ella no es la excepción a la regla.

En cuanto a Jeremy, llegó a comprender que Dios es misericordioso y que nunca lo dejaría ni lo abandonaría (véase Hebreos 13:5). Así que renunció a la acusación del enemigo de que era demasiado impío para estar delante de un Dios santo, y creyó en la verdad de que él era, de hecho, la justicia de Dios en Cristo (véase 2 Corintios 5:21). Salió de esa reunión con renovada esperanza y fe en el Dios de la gracia.

Así que ahí lo tienes. Y tú historia también puede tener un final igualmente feliz. Cuando el fiscal te acuse, recuerda que «Y si alguno peca, Abogado [abogado defensor] tenemos para con el Padre, a Jesucristo el justo» (1 Juan 2:1, LBLA). Y Jesús nunca ha perdido una causa todavía.

La defensa descansa.

PIENSA Y PROCESA:

El diablo nos acusa, tratando de persuadirnos de que somos menos que los amados y totalmente perdonados hijos de Dios que somos.

RECUERDA ESTA VERDAD:

«Si Dios está por nosotros, ¿quién estará contra nosotros?». (Romanos 8:31, LBLA)

PREGUNTAS PARA REFLEXIONAR:

¿Por qué crees que el diablo trabaja tan duro para hacer que no creamos en el perdón misericordioso de Dios hacia nosotros en Cristo?

HABLA CON DIOS:

Amado Padre celestial, gracias por exponer el plan de acusación del diablo. Hace que me pregunte cuántas veces he escuchado sus mentiras venenosas, pensando que era yo hablando conmigo mismo, o incluso Dios hablando conmigo. Tantas horas desperdiciadas revolcándome en miserables dudas y culpa. Gracias por perdonarme el no haber creído verdaderamente en tu palabra. Ahora elijo creer que lo que dices en la Biblia es verdad, ya sea que lo sienta cierto en ese momento o no. Enséñame a saber cuándo el diablo me está acusando y mintiendo. Y hazme tan fuerte en ti que mantenerme firme contra Satanás y recordarle lo que dices en tu palabra se convierta en algo automático. Te doy gracias, Jesús, porque nunca has perdido un caso judicial ante el malvado acusador, y nunca lo harás. Descanso en tu defensa. Amén.

DÍA 14

¿DEBE TU CONCIENCIA SER TU GUÍA?

Una historia de la revista *Diario de Discipulado* se me ha quedado grabada desde que la leí hace varios años. No puedo evitar preguntarme cuántos del pueblo de Dios se sienten de esta manera. El artículo se titula «No me siento como un buen cristiano». Su subtítulo es «¿Por qué parece que nunca puedes estar a la altura?». He aquí algunos extractos:

> Una noche me di cuenta de que algo estaba molestando a mi esposa: estaba más callada que de costumbre y no me miraba tanto. Finalmente, después de que acostamos a los niños, ella dijo:
>
> —«No sé qué pasa».
>
> —¿A qué te refieres? —pregunté.
>
> —Bueno —dijo ella—, yo no... Simplemente no me siento muy buena cristiana».

No sabía qué decir. Quería decirle que, por supuesto, era una persona cristiana maravillosa, pero no parecía estar dispuesta a creerlo. Así que le pregunté:

—«¿Qué crees que te hace sentir así?».

—«Hace tiempo que no tengo un rato de tranquilidad», confesó. «Después de perseguir a dos niños pequeños todo el día, me siento agotada; estoy demasiado cansada para leer la Biblia y orar. Las mañanas son una locura y los niños no duermen la siesta a la misma hora, así que no he tenido devocionales en semanas. Ya ni siquiera estoy segura de tener una relación con Dios».

En este artículo refrescantemente transparente, el autor Kevin Miller confesó que su esposa no era la única en la familia que luchaba de esta manera:

> Esa semana había escrito en mi diario: «Señor, quiero vivir de manera más sencilla, como lo hizo Jesús, pero amo el dinero tanto como cualquiera. Debería estar ministrando de alguna manera, tal vez en el hogar de ancianos, pero no me he puesto en marcha. No he estado leyendo mi Biblia y orando como debería. Y quiero dirigir devocionales familiares los domingos por la noche, pero últimamente he sido muy esporádico. Siento que te he fallado».[2]

No puedes evitar simpatizar con esta pareja. Está claro que son cristianos sinceros que quieren vivir de una manera que agrade a Dios. Y la mayoría de las veces, no son aquellos que son perezosos o espiritualmente desmotivados los que sufren de este tipo de

---

2. Kevin A. Miller, "I Don't Feel Like a Very Good Christian," (No me creo muy buen Cristiano) *Discipleship Journal*, Issue 47 (1988): 6.

culpa; son los que genuinamente desean obedecerle y servirle.

Entonces, ¿de dónde vienen estos sentimientos de culpa?

La mayoría de las veces, creo, provienen de una falta de comprensión de la gracia de Dios. ¿Es Dios tan duro de corazón que estaría disgustado con una madre que está trabajando duro para cuidar responsablemente a sus hijos y resulta que se agota en el proceso? ¿Y es él tan descortés y exigente en sus requisitos espirituales para nosotros que haría la vista gorda ante su fiel maternidad y solo se preocuparía de que ella no hubiera tenido devocionales?

No lo creo.

Ahora, está claro que algo necesitaba ser ajustado en su vida y en su horario. Tal vez su esposo o un amigo o familiar podrían contribuir para ayudarla a tomar un respiro. Pero Dios no fue el autor de sus sentimientos de culpa y condenación. «Por consiguiente, **NO HAY** ahora condenación para los que están en Cristo Jesús». (Romanos 8:1a, énfasis mío)

¿Cuál era, entonces, la fuente de esta culpa?

Lo más probable es que esta querida dama haya sido víctima de su propio sistema de valores, creado por ella misma. Lo más probable es que estuviera convencida de que su sistema de valores reflejaba con precisión el de Dios. Había construido una imagen en su mente de lo que un buen cristiano debe hacer, por lo que su conciencia estaba perturbada, ya que no estaba a la altura. Se sentía culpable. Lo más probable es que el acusador de los hermanos también haya añadido su "amén" a toda esta falsa culpa.

Los problemas de Kevin eran similares. Había creado una especie de esposo y padre cristiano «fantasma», que era básicamente perfecto, y ese fantasma lo perseguía porque, como todos nosotros, no era perfecto en absoluto.

Fíjate en el resultado final de las luchas de Kevin: *Siento que te he fallado*. Y las conclusiones de su esposa fueron aún más profundas: *Ya ni siquiera estoy segura de tener una relación con*

Dios. El resultado final de vivir (¡y fracasar!) bajo un estándar de justicia autoimpuesto es una conciencia culpable, una sensación de distancia de Dios y, a veces, desesperación.

Aunque las Escrituras nos dicen que debemos esforzarnos por tener una buena conciencia (1 Timoteo 1:5) y que rechazar una buena conciencia puede ser espiritualmente devastador (1 Timoteo 1:19), la Biblia también indica que a veces nuestros corazones (reflejados en nuestra conciencia) pueden estar simplemente equivocados:

> «En esto sabremos que somos de la verdad y nos sentiremos seguros delante de él: aunque nuestro corazón nos condene, Dios es más grande que nuestro corazón y lo sabe todo». (1 Juan 3:19-20)

¿Por qué nuestro corazón (conciencia) nos condenaría por algo que Dios no haría? Simplemente porque Dios es misericordioso, y nuestra conciencia a menudo puede ser programada para juzgarnos a nosotros mismos por un estándar más estricto que el de Dios. Por ejemplo, ¿Dios nos ama más si tenemos un tiempo a solas, leyendo la Biblia y orando? Ciertamente no, aunque él se deleita en pasar tiempo con nosotros. Pero es fácil creer que tener un tiempo de quietud todos los días asegura la bendición de Dios en nuestras vidas. Y es igualmente fácil creer que no tener un tiempo a solas nos pone en riesgo de que Dios nos niegue su bendición. Nuestra conciencia puede agobiarnos cada vez más cuanto más nos veamos a nosotros mismos como fracasados en mantener estos estándares autoimpuestos.

Y la lista de formas en que juzgamos falsamente nuestro valor o amabilidad para Dios puede ser casi interminable: con qué frecuencia leemos la Biblia; cuánto de la Biblia leemos en cada sesión; con qué frecuencia oramos y si nos acordamos de orar por todos; la frecuencia con la que asistimos a los servicios de adoración; cuán sincera, honesta y fervientemente confesamos nuestros pecados; cuán activos somos en el servicio en la iglesia; con qué frecuencia compartimos nuestra fe; cuántas personas llevamos a Cristo. Y así sucesivamente. Para algunas personas, todas las reglas y regulaciones que hay en sus vidas se convierten en su gobernante y su Señor.

Si de eso se trata la vida cristiana, ¡no cuenten conmigo!

¿Es de extrañar que estas personas luchen con sentimientos de culpa, vergüenza y temor (si se ven a sí mismos con un mal desempeño) o con un espíritu duro, crítico y analítico (si creen que lo están haciendo bien)? ¿Realmente cree usted que Jesús aprobaría tal sistema?

Entonces, ¿cuál es la solución? ¿Cómo se desarrolla y se protege una conciencia buena y clara mientras se evita la falsa culpa de una conciencia que le hace a uno sentirse como un pedazo de tierra y como si Dios fuera casi imposible de complacer?

Primero, has de saber que Dios es misericordioso, y que nuestra aceptación y aceptabilidad para él no tiene nada que ver con nuestro desempeño. Tiene todo que ver con la actuación de Cristo y con el hecho de que pongamos nuestra fe solo en él. Y cuando te das cuenta de que eres amado y aceptado por Dios en Cristo incondicionalmente, quieres y disfrutas buscando y sirviendo a Dios desde un corazón alegre y liberado.

En segundo lugar, date cuenta de que tu conciencia puede necesitar ir a la escuela. Si has recibido los datos sobre lo que está bien y lo que está mal de un sistema mundial cada vez más inmoral, tu conciencia será demasiado indulgente y no proporcionará el «sistema de alerta temprana» que, se supone, debe hacerte saber que estás considerando hacer algo que es malo. Pero si has sido educado por una familia, iglesia o sistema cultural rígido y legalista, lleno de reglas y regulaciones que nunca han entrado en la mente de Dios, entonces vas a necesitar ser reentrenado en la escuela de la gracia de Dios revelada en la Biblia.

Entonces, ¿qué respuesta darías a la pregunta planteada por el título del devocional de hoy?: «¿Debería tu conciencia ser tu guía?» Yo diría un cauteloso «sí», deja que sea tu guía. Simplemente, no lo conviertas en tu dios.

PIENSA Y PROCESA:

La falsa culpa puede sentirse como una culpa real, pero puede ser el resultado de una conciencia mal educada.

RECUERDA ESTA VERDAD:

«Por lo tanto, ya no hay ninguna condenación para los que están en Cristo Jesús».
(Romanos 8:1)

PREGUNTAS PARA REFLEXIONAR:

¿Estás luchando con sentimientos de culpa que son el resultado de una conciencia demasiado sensible? ¿Has añadido algunas reglas y regulaciones hechas por el hombre a tu sistema de creencias que Dios no tiene en el suyo?

HABLA CON DIOS:

Querido Padre celestial, por lo que dice este devocional, parece que mi sistema de creencias de lo que creo que está bien y lo que está mal puede necesitar desde una pequeña puesta a punto hasta una revisión importante. Gracias, porque no me corresponde a mí resolverlo todo. En primer lugar, en Cristo soy verdaderamente perdonado y la culpa se ha ido. Yo creo eso, Señor, ¡pero ayuda a mi incredulidad! Y esa incredulidad viene en forma de sentimientos de culpa que a veces me atormentan. Cuando me siento culpable, ¿podrías mostrarme en ese momento por qué me siento así? Si he hecho algo malo y tu Espíritu me lo está mostrando, gracias, porque puedo confesar mi mala acción y seguir adelante, sabiendo que he sido perdonado y purificado (1 Juan 1:9). Pero si he permitido que un método falso de lo correcto y lo incorrecto se infiltre en mi sistema de creencias y afecte mi corazón, por favor, muéstramelo también. Quiero renunciar a las reglas, regulaciones, estándares y expectativas que engendran una falsa culpa y, en su lugar, solo responder a la obra saludable y convincente del Espíritu Santo. Gracias porque tú sabes todas las cosas y eres más grande que mi corazón, y así tú sabes cuándo mi corazón está equivocado y cuándo está diciendo la verdad. Confío en ti para que seas mi Dios. Amén.

TERCERA SEMANA

DE LA DESGRACIA A LA GRACIA

DÍA 15

ÉL TE TIENE CUBIERTO

Es muy posible que incluso después de leer los primeros catorce devocionales de este libro y regocijarte por su perdón en Cristo, todavía puedas sentir que no todo está bien en tu interior. Puede ser en el fondo, que haya algo en el centro de tu ser, que aún no se haya tocado. Algo que todavía necesita sanación. Es posible que la *culpa* no sea tu problema principal; en cambio, es posible que tengas dificultades con la *vergüenza*.

La *culpa* te hace saber alto y claro que has hecho algo malo. La *vergüenza*, por otro lado, envía el mensaje de que *tú* eres malo, que hay algo inherentemente malo en ti como persona. Muy a menudo, el mensaje de vergüenza que nos persigue hasta bien entrada la edad adulta tiene sus semillas plantadas temprano en la vida, en la infancia, como lo ilustra esta historia:

> Mi papá era un hombre muy religioso que leía la Biblia durante horas todos los días. Él era un anciano en nuestra iglesia y se aseguraba de que nuestra familia estuviera allí cada vez que se abrían las puertas. Pero la religión de mi padre a menudo se usaba como una vara de hierro en nuestro hogar.

Hubo momentos en que mi papá me obligaba a orar y leer la Biblia en voz alta después de disciplinarme. Llegué a pensar en la lectura de la Biblia como una forma de castigo, y los tiempos de oración reglamentados y forzados me convencieron de que Dios estaba enojado conmigo. Si mi mamá y yo nos divertíamos mientras veíamos un programa interesante, mi papá fruncía el ceño y apagaba la televisión. Él decía: «Leamos la Biblia». Nos hacía leer pasajes de profecías del Antiguo Testamento o genealogías con nombres largos, casi impronunciables.

Me sentía presionada y temerosa, como si no fuera capaz de hacer nada bien y la diversión estuviera mal. Peor aún, llegué a sentir que ***estaba*** equivocada... como si hubiera algo mal en mí. A mi vergüenza se sumaba el hecho de que mi papá nunca pudo creer realmente que yo fuera salva. Innumerables veces me preguntaba si estaba lista para el regreso de Jesús. Él decía: «¡Será mejor que reces para que seas digna cuando Jesús regrese!».

Una vez, una amiga y yo estábamos leyendo novelas románticas de Arlequín en mi habitación, cuando mi papá entró y nos las arrebató. Con ese horrible ceño fruncido en su rostro, destrozó los libros página a página. Aunque no había nada sexual en ellas, actuaba como si fuéramos unas putas completas por leerlas. Las dos llorábamos. Fue horrible.

Su abuso también fue verbal. Cuando se enojaba, mi papá decía que yo era perezosa, que era «una idiota» y que nunca llegaría a nada. Cuando era adolescente, él miraba atentamente mi cara para examinar mi maquillaje de ojos. Me llamaba «Jezabel» cuando

---

1. Anderson, Miller, and Travis, 71-73.

pensaba que me estaba poniendo demasiado. Cuando desaprobaba mi ropa, me etiquetaba como una «prostituta callejera». [1]

Una cosa es que critiquen tu conducta. Otra cosa muy distinta es que tu carácter sea degradado y rebajado, como esta pobre señora. Después de todo, si alguien te dijera que algo que estás haciendo está mal y necesitas mejorar, al menos tienes alguna esperanza de cambio. Sabes en qué enfocarte. Por la gracia de Dios, puedes dejar de fumar, de maldecir, de mentir, de emborracharte, de engañar a la gente o de lo que sea. Puede ser difícil, pero la Biblia me asegura que «todo lo puedo en Cristo que me fortalece» (Filipenses 4:13).

Pero cuando las personas atacan tu carácter y difaman quién eres, te sientes derrotado, desinflado, contaminado y desesperado. Experimentas el «desorden menor» de sentirte inútil, indefenso, sin sentido y sin esperanza.

Si te sientes así acerca de ti mismo y de tu vida, permíteme prestarte mi esperanza por un tiempo. Hay una salida.

Esta semana vamos a estudiar diferentes facetas de la vergüenza. Veremos algunas de las razones por las que sufrimos de vergüenza. Preguntaremos y trataremos de responder a la pregunta de si alguna vez es correcto sentir vergüenza. Examinaremos algunas de las formas en que tratamos de lidiar con la vergüenza por nuestra cuenta. Y, lo más importante, trataremos de captar el antídoto absolutamente brillante de Dios contra la vergüenza.

Dado que este primer devocional de la semana está destinado a presentar este tema crucial, aunque doloroso, tal vez el siguiente acrónimo podría ayudarte a identificar si la vergüenza es un problema para ti. Describe algunas de las formas más comunes en que la vergüenza revela su presencia en nuestras vidas. **¿Alguna vez te has encontrado experimentando...**

> ...timidez o incluso odio hacia ti mismo?
>
> ...ocultar tu verdadero yo o tu pasado a las personas, por temor al rechazo?

> ...ira contra aquellos que han contribuido a tu vergüenza?
>
> ...paliar tu dolor a través de drogas, alcohol, alimentos, medios de comunicación, etcétera?
>
> ...sobresalir en otras áreas para tratar de compensar las inseguridades profundas?

¿Sabías que la vergüenza y el temor fueron las primeras emociones negativas que sintió la raza humana? Antes de que Adán y Eva comieran del árbol de la ciencia del bien y del mal, se les describía como «desnudos, pero no se avergonzaban» (Génesis 2:25). Después de su pecado, estaban desnudos y muy avergonzados y temerosos. Así es como la Biblia describió este cambio catastrófico:

> «En ese momento los ojos de ambos fueron abiertos y tomaron conciencia de su desnudez. Por eso, para cubrirse entretejieron hojas de higuera. Cuando el día comenzó a refrescar, el hombre y la mujer oyeron que Dios el Señor andaba recorriendo el jardín; entonces corrieron a esconderse entre los árboles para que Dios no los viera». (Génesis 3:7-8)

Mientras que en la creación original de Dios no había vergüenza asociada con sus cuerpos físicos, el pecado cambió instantáneamente todo eso. Nótese que la primera inclinación de Adán y Eva fue cubrir sus partes íntimas debido a la vergüenza. Su segunda inclinación fue tratar de ocultarse completamente de Dios debido al temor. Su primer esfuerzo fue triste; Su segundo fue una locura. Tratar de esconderse de Dios es como el niño pequeño que se tapa los ojos y luego grita triunfalmente: «¡No puedes verme!». Es imposible esconderse de nuestro Dios, que todo lo ve y todo lo sabe.

Debido a que Dios es amor, él buscó a Adán y Eva y tuvo una conversación con ellos. Debido a que Dios también es justo, proclamó su juicio sobre el hombre, la mujer, la tierra e incluso la serpiente (Satanás). Toda esta escena es una tragedia, como dicen, de proporciones bíblicas y abrió una caja de Pandora de todo tipo de males en la raza humana y en el planeta Tierra, de la que todavía hoy nos estamos recuperando.

Pero en medio del juicio, la tristeza, la pérdida y el dolor, no te pierdas la gracia de Dios. En esta tragedia, está el presagio de una solución final a la vergüenza, que un día vendría a través de aquel cuyo talón sería herido al aplastar la cabeza de la serpiente (Génesis 3:15). Ese sería Jesús mismo, nuestro libertador de la vergüenza.

Este presagio debería traerte una gran esperanza hoy, sabiendo que el Dios que «sana a los de corazón quebrantado y venda sus heridas» (Salmo 147:3) vio la vergüenza de Adán y Eva, y ve la tuya. Y él sabía, él sabe, exactamente qué hacer para aliviar su sufrimiento y el tuyo.

> «Dios el Señor hizo ropa de pieles para el hombre y su mujer, y los vistió». (Génesis 3:21)

Puede que no parezca mucho, pero lo fue. Era la primera vez que mataban a un ser vivo. Se suponía que la muerte no era parte de la vida en la tierra, y ni siquiera existió hasta que Adán y Eva pecaron. Pero la prefiguración de la sangre derramada del Cordero de Dios (Jesús) que quita el pecado y la vergüenza del mundo vino a través del sacrificio de un animal cuya piel se convirtió en la cobertura del pecado y la vergüenza de los primeros humanos.

Y este mismo Dios que vino al rescate cuando Adán y Eva pecaron, también vendrá a tu rescate. Él te tiene cubierto.

PIENSA Y PROCESA:

La culpa significa que hemos hecho algo mal. La vergüenza nos hace sentir que lo que está mal somos **nosotros**.

RECUERDA ESTA VERDAD:

«Dios el SEÑOR hizo ropa de pieles para el hombre y su mujer, y los vistió». (Génesis 3:21)

PREGUNTAS PARA REFLEXIONAR:

¿Qué aspectos de la VERGÜENZA observas más presentes en tu vida? ¿Estos mecanismos para hacerle frente, realmente funcionan para ti?

HABLA CON DIOS:

Amado Padre celestial, está poderosamente claro en tu palabra que el pecado sacudió a la raza humana hasta la médula, instantáneamente. Y ha afectado al mundo entero, no solo a la humanidad. Me hace detenerme en seco para reconocer lo inútil que fue para Adán y Eva tratar de encubrirlo todo y esconderse, cuando el tejido de la vida se rompió en pedazos y los cimientos del planeta se agrietaron inalterablemente en ese momento. Y me pone cara a cara con la absoluta futilidad de pensar que hay algo que pueda hacer con mis propias fuerzas para cubrir u ocultar los efectos del pecado en mi vida. Gracias porque conozco el final de la historia de lo que hiciste a través de Jesús para sanar mi corazón roto y vendar mis heridas. Esta semana, Señor, te doy la bienvenida a los lugares cubiertos y ocultos de mi alma, para que puedas quitar mi vergüenza y restaurarme a un gozo sin vergüenza con tus vestiduras limpias de justicia. Amén.

DÍA 16

UNA SEGUNDA OPORTUNIDAD

¿Por qué sentimos vergüenza? Una de las razones por las que sentimos vergüenza es por las cosas malas que hemos hecho. Este tipo de vergüenza puede llevarnos a cualquier lugar en un continuo que va desde la vergüenza leve (el extremo inferior del espectro) hasta la profunda humillación y el ostracismo de la sociedad (el extremo superior).

La vergüenza por lo que hemos hecho mal se intensifica en proporción a la profundidad de la «maldad» de nuestras acciones (de acuerdo con nuestros estándares personales y sociales), la amplitud de la exposición pública de nuestras malas acciones y la cantidad de tiempo que estemos expuestos a ella.

Una persona puede sentir cierta vergüenza por haber sido atrapada por la policía por conducir bajo la influencia del alcohol. Pero si esa infracción la comete un cargo político local y la historia la recogen el periódico local y el noticiero de televisión, la vergüenza aumentaría. Agrega a eso la tragedia de alguien que fue asesinado por ese conductor ebrio, con el consiguiente juicio bien publicitado y eventual encarcelamiento, y tienes un potencial aún mayor para una vergüenza profunda a largo plazo.

Te haces una idea.

¿Deberíamos sentir vergüenza? ¿Es alguna vez una emoción apropiada? Si alguien nos regañara y nos señalara con el dedo y dijera: «¡Deberías avergonzarte de ti mismo!», ¿es eso alguna vez una reprimenda válida? Esas son muy buenas preguntas. Trataremos de responderlas en un minuto, pero primero un breve viaje en el tiempo hasta 1974.

Recuerdo muy bien el incidente. Tenía veinte años y era un estudiante de meteorología de tercer año (tercer año de la universidad) que tomaba una clase de pronóstico del tiempo. Era muy querido y respetado por el profesor y mis compañeros de clase. En la cresta de esa popularidad y éxito, me ofrecí como voluntario para ser el primer estudiante en hacer una «discusión de mapas» (análisis de las principales tendencias climáticas de ese día) de los Estados Unidos.

Eran los días en los que teníamos que dibujar nuestros propios mapas meteorológicos y hacer pronósticos basados en las observaciones de las estaciones meteorológicas y los primeros modelos de predicción por ordenador. Bastante primitivo para los estándares actuales. Me dieron dos horas y media para subir a la estación meteorológica, hacer mi análisis, dibujar los mapas del tiempo y preparar la discusión para presentarla a la clase y al profesor.

Estaba emocionado. Pensé que sería pan comido. ¡Pero nunca habían pasado ciento cincuenta minutos de tiempo tan rápido! Podía sentir que mis niveles de ansiedad y presión arterial aumentaban a medida que pasaban los minutos. Pronto, mi tiempo de preparación se acabó. No me sentía preparado en absoluto, pero era hora de dar un paso al frente... ¡listo o no!

Decir que me encogí sería quedarse corto.

Casi de inmediato, el profesor comenzó a abrir huecos en mi análisis. Señaló cosas que debería haber tenido en cuenta pero que había pasado por alto. Después de unos diez o quince minutos de humillación, el profesor prácticamente me ignoró (aunque todavía estaba de pie al frente) e hizo preguntas al resto de la clase sobre el pronóstico. Por supuesto, todas sus respuestas fueron correctas. Algunos fueron tan arrogantes al respecto que creo que estrangularlos en ese momento habría sido considerado un homicidio justificable.

Me sentí como un completo idiota.

Recuerdo que salí de esa clase totalmente derrotado. Había fracasado estrepitosamente en mi primera «prueba» como pronosticador en el campo profesional que elegí. Quería meterme en un agujero. Me di cuenta de que el profesor, que era muy respetado en el campo, estaba profundamente decepcionado, casi disgustado conmigo. Mis compañeros de clase se deleitaban en su ascenso al honor a los ojos del profesor y en mi caída en picado en la deshonra. Tuve un amigo que trató de consolarme, pero estaba inconsolable. Pensé en renunciar y cambiar de carrera.

La vergüenza era casi insoportable.

Ahora, obviamente yo no había cometido un crimen, pero, aunque el crimen no estaba involucrado, el pecado sí, el pecado del orgullo y la arrogancia. Así que el Señor orquestó un «fracaso» para mí, como su palabra promete (Proverbios 16:18). ¿Era la vergüenza en este caso una emoción legítima para mí?

Tal vez este fragmento de la escritura de uno de los escritos del apóstol Pablo arroje algo de luz sobre el lugar de la vergüenza en la vida de un seguidor de Cristo:

> «Si alguno de ustedes tiene un pleito con otro, ¿cómo se atreve a presentar demanda ante los injustos, en vez de acudir a los creyentes? ¿Acaso no saben que los creyentes juzgarán al mundo? Y si ustedes han de juzgar al mundo, ¿cómo no van a ser capaces de juzgar casos insignificantes? ¿No saben que aun a los ángeles los juzgaremos? ¡Cuánto más los asuntos de esta vida! Por tanto, si tienen pleitos sobre tales asuntos, ¿cómo es que nombran como jueces a los que no cuentan para nada ante la iglesia? Digo esto para que les dé vergüenza. ¿Acaso no hay entre ustedes

nadie lo bastante sabio como para juzgar un pleito entre creyentes? Al contrario, un hermano demanda a otro, ¡y esto ante los incrédulos!».
(1 Corintios 6:1-6)

Es bastante obvio que Pablo estaba molesto. Lanzó siete preguntas para señalar su vergüenza. El apóstol no podía creer lo que estaba pasando. ¡Los creyentes se demandaban unos a otros en tribunales dirigidos por incrédulos! Pablo les recordó a los santos que algún día iban a juzgar al mundo e incluso a los ángeles, así que ¿por qué demonios se dejarían juzgar por los mismos a quienes un día juzgarían? No tenía sentido.

Leyendo entre líneas, la «vergüenza» que Pablo estaba señalando era que el pueblo de Dios no estaba viviendo a la altura de lo que eran en Cristo. Tenían la sabiduría para manejar las disputas por sí mismos, pero estaban siendo unos terribles testigos de Cristo al airear todos sus trapos sucios en tribunales seculares. Más adelante en ese capítulo, Pablo prácticamente se quejó de ellos, diciendo que habría sido mejor si todos hubieran sufrido la pérdida financiera en lugar de exhibir su falta de amor mutuo ante los incrédulos.

Deberían haber sabido hacerlo mejor. Y tenían razón en sentir vergüenza, si es que alguno de ellos la sintió. Cada vez que nos involucramos en un comportamiento que es contrario a lo que somos en Cristo, tenemos razón en sentirnos mal con nosotros mismos.

Por lo tanto, la cuestión clave para los seguidores de Cristo es no negar nuestras acciones vergonzosas y ocultar nuestros pecados, o pretender que estamos bien cuando no lo estamos. Tampoco es correcto ni inteligente revolcarse en nuestra vergüenza. La clave para lidiar con nuestra vergüenza por las cosas malas que hemos hecho se encuentra en 2 Corintios 4:1-2:

«Por esto, ya que por la misericordia de Dios tenemos este ministerio, no nos desanimamos. Más bien, hemos renunciado a todo lo vergonzoso que se hace a escondidas; no actuamos con engaño ni torcemos la palabra de Dios. Al contrario, mediante la clara exposición de la verdad, nos recomendamos a toda conciencia humana en la presencia de Dios».

Es fácil desanimarse y sentirse realmente deprimido y derrotado cuando nos equivocamos. Debemos recordar que ya hemos recibido la misericordia de Dios en Cristo y que estamos perdonados. Algunas personas, sin embargo, no reciben la misericordia de Dios y, tontamente, eligen seguir ocultando su pecado debido a la vergüenza que sienten. Algunos terminan volviéndose realmente astutos para engañar a otros y hacerles creer que están caminando en pureza cuando no es así. ¡Otros incluso van tan lejos como para declarar que la Biblia en realidad no llama pecado a las obras pecaminosas que están haciendo! Decididamente, no quieras ir por ese camino.

Cuando peques, reconócelo. No trates de esconderte. Recibe la misericordiosa limpieza y el perdón de Dios, y renuncia (declara tu rechazo total) a ese pecado y sigue caminando.

Y sepan que Dios es un Dios de segundas oportunidades... y terceras... y cuartas... y... Entiendes la idea.

Hablando de segundas oportunidades, por tener suficiente valor como para ser el primero en hacer una discusión sobre el mapa, mi profesor terminó dándome mucho espacio. Así que no me rendí y decidí especializarme en cestería o algo así. De hecho, tuve una segunda oportunidad hacia el final del trimestre, y no podría haber ido mejor. El profesor estaba emocionado. Obtuve sobresaliente para el curso. Y Dios humilló a un estudiante orgulloso, permitiéndole sufrir vergüenza, pero no quedarse allí. Eso es gracia.

PIENSA Y PROCESA:

La vergüenza viene cuando vivimos por debajo del nivel de lo que somos, hijos de Dios, santos.

RECUERDA ESTA VERDAD:

«hemos renunciado a todo lo vergonzoso que se hace a escondidas». (2 Corintios 4:2a)

PREGUNTAS PARA REFLEXIONAR:

¿Hay cosas que estás ocultando por vergüenza? ¿Hay alguna forma en que estás tratando de engañar a la gente para que piense que eres más justo de lo que realmente eres? ¿Estás empezando a dudar de algunas de las cosas que la Biblia dice que son claramente incorrectas para evitar admitir su pecado y enfrentar su vergüenza?

HABLA CON DIOS:

Querido Padre celestial, te doy gracias porque eres un Dios de segundas oportunidades, y mucho más que eso. Supongo que tengo una opción: puedo esconderme y tratar de encubrir las cosas malas que hago, por la vergüenza de no ser tan bueno como debería ser o por temor a la desaprobación o el rechazo, o puedo renunciar a las cosas que estoy tentado a ocultar por vergüenza. La primera opción es el camino hacia una esclavitud más profunda al pecado y la vergüenza. El segundo es el camino hacia la libertad. Te doy gracias por perdonarme por las muchas veces que he vivido la vida a un nivel muy por debajo de lo que es apropiado para un santo, un hijo de Dios. Elijo no revolcarme en la vergüenza de mi fracaso, sino recibir tu misericordia y mi completa limpieza en Cristo, así como tu poder para vivir la vida de una manera que sea digna de mi llamado en Cristo. Levantaré mi cabeza en alto hoy, no con orgullo, sino en pleno reconocimiento de quién soy en ti: parte de un sacerdocio real, de una nación santa, de un pueblo que te pertenece, llamado de las tinieblas del pecado y la vergüenza a tu luz maravillosa, para que pueda proclamar tus excelencias (1 Pedro 2:9-10). Amén.

DÍA 17

LIBERACIÓN DE LA VERGÜENZA

Además de experimentar vergüenza por lo que hemos hecho, también podemos experimentar vergüenza por lo que otros nos han hecho o dicho. La capacidad de inhumanidad del hombre hacia el hombre es casi insondable, y el enemigo de nuestras almas se deleita perversamente en torturar a la humanidad con el sufrimiento y el dolor que trae consigo la vergüenza.

Pero en Cristo hay esperanza. Espero que las cosas puedan cambiar. Espero que podamos descubrir la libertad y la alegría, incluso después de la degradación que la intimidación y el abuso traen a nuestras vidas.

Últimamente se ha hablado mucho sobre el acoso escolar a los niños, tanto en persona como en Internet. Es un problema muy real con consecuencias a menudo trágicas. Demasiados niños se han quitado la vida como resultado del aislamiento y la desesperanza que han sentido cuando estaban en las garras del acoso. Le doy gracias a Dios de que no existía el acoso cibernético cuando era niño, porque lo que pasé en persona fue lo suficientemente duro.

Si alguien agitara un cheque de un millón de dólares frente a mí, diciendo que me lo daría con una condición, que volviera a vivir mis años de escuela intermedia (secundaria), le diría que se quedara con su dinero.

A pesar de una infancia bastante normal en los años cincuenta y sesenta, la pubertad me golpeó como una tonelada de ladrillos. Físicamente, pasé de un metro sesenta y ocho centímetros y cincuenta y cuatro kilos a un metro ochenta y ocho centímetros y cincuenta y cuatro kilos; todo en aproximadamente un año. No solo era flaco; estaba esquelético. También tenía acné malo en la cara y otras partes del cuerpo. Si a eso le añadimos los brackets en los dientes y una higiene dental bastante mala, no era alguien con quien la gente quisiera estar.

Me sentía torpe y cohibido. Los estudiantes de secundaria pueden ser las criaturas más inseguras del planeta, y por ello tienen los ojos bien abiertos, buscando a alguien más bajo que ellos en la cadena alimentaria. Esa persona se convierte en un objetivo al que menospreciar para poder sentirse mejor con uno mismo. ¿Te importa adivinar a quién encontraron en mi escuela?

No había ningún lugar que fuera seguro para mí en la secundaria Carl Sandburg mientras hubiera otros estudiantes alrededor. Los comentarios desagradables, las risitas, el ostracismo en la cafetería, el rechazo en la clase de gimnasia, etcétera, eran cosa de todos los días. De hecho, terminé llevando el almuerzo en una bolsa marrón a la escuela todos los días y buscando un aula vacía para comer, solo para obtener un breve respiro.

Mi mejor amigo era mi perro y mi lugar favorito la soledad. Consideré quitarme la vida, pero nunca lo suficientemente en serio como para intentarlo, gracias a Dios. Una de las salidas que tenía era la escritura. Para entender un poco mejor la vergüenza, la rabia y la amargura que sentía, he aquí algo que escribí cuando tenía catorce años. Lo titulé *La casta inferior*:

> Rasgado por palabras dichas al azar,
> despreciado por miradas que hieren,
> Desgastado por días de ignorancia
> de aquellos que azotan y golpean.

Aquellos de belleza superficial vadean
dentro y fuera del odio,
Abrasan lo que ya está quemado
y negro con las llamas del cruel destino.

Y aquellos que se estremecen ante
palabras encendidas cautivos están
por pensamientos apagados,
Cubiertos por temores golpeados,
atados por los nudos de la sospecha.

El aventurarse más allá de la piel marcada
por lágrimas, a través de los desiertos
áridos
Mostraría lo que estalla a través de
cielos nublados... un tesoro escondido y
encadenado.

Un rayo brillante dentro de la tormenta
de furia liberada
Ilumina el camino hacia la verdad y la vida
donde los prejuicios se entierran.

La lástima pertenece a aquellos que se
aferran a los prejuicios del pasado,
Ríete de ellos y escúpelos, pues *son*
la casta inferior.

Como escéptico y agnóstico, no tenía idea de que el Dios que sería mi libertador cuatro años después ya estaba trabajando detrás de escena en mi vida. Más tarde en la vida volví a leer este poema y vi algo asombroso por primera vez. En el penúltimo verso se lee: «*Ilumina el camino de la verdad y de la vida...*».

Jesús, la luz del mundo (Juan 8:12), es el camino, la verdad y la vida (Juan 14:6). Yo no conocía esas escrituras y ciertamente no era un seguidor de Jesús. Pero el Señor ya comenzaba a insertarse en mi mundo, moviéndose para salvarme de mi oscuridad, de mi perdición, de las mentiras que había creído y de la muerte espiritual que me atrapaba.

Nunca podré agradecerle lo suficiente por liberarme de mi vergüenza y poner mis pies en la roca. Salmo 34:5 (NVI) dice:

> «Los que lo miran [al Señor] están radiantes;
> jamás su rostro se cubre de vergüenza».

La buena noticia es que, aunque podemos sentir una vergüenza terrible por las cosas que la gente nos ha hecho o dicho, hay algunas cosas que nunca nos pueden quitar. Y una de ellas es nuestra dignidad. La Biblia dice que todas las personas, sean cristianas o no, han sido creadas a imagen de Dios (Génesis 1:27). No creo que ninguno de nosotros entienda completamente lo que esto significa, pero está claro que somos la niña de los ojos de Dios, la gloria suprema de su creación. Él nos ha dado la libertad de elegir, la capacidad de planificar, de soñar, de crear. Y él nos ha hecho con la capacidad de adoración, de sabiduría, de amor, de gracia, de justicia y de tener una relación íntima con Dios mismo.

A pesar de que esa imagen de Dios ha sido empañada y fracturada por el pecado, todavía está allí. Ninguna cantidad de abuso de nuestros cuerpos físicos o torsión de nuestras mentes puede oscurecer completamente la imagen de Dios en nosotros.

Y así, aunque es comprensible que experimentemos vergüenza cuando se nos trata vergonzosamente, hay una manera que nos permitirá elevarnos por encima de la vergüenza debilitante. Es el camino de la verdad, Jesús, y la verdad de lo que nosotros realmente somos a los ojos de Dios, independientemente de lo que las personas puedan decir, pensar o hacer. Para ayudarte a experimentar la dignidad de tu identidad intocable e incorruptible en Cristo, escribí las siguientes declaraciones y renuncias. Te animo a proclamarlas en voz alta si has sufrido vergüenza en estos ámbitos.

ABUSO SEXUAL, VIOLACIÓN O EXPLOTACIÓN:

Renuncio a la mentira de que soy sucia o que mi cuerpo está sucio debido a los actos sexuales perpetrados contra mí. No soy una zorra, una prostituta, una esclava sexual, (completa cualquier otro nombre que te hayan llamado o que te hayas llamado tú misma). He sido purificada por la palabra que Jesús me ha hablado (Juan 15:3). No soy basura, y mi cuerpo no es solo el juguete de alguien. Mi cuerpo es el templo del Espíritu Santo, que está en mí y nunca me dejará ni me abandonará. He sido comprada por un precio, la preciosa sangre de Jesús, y le pertenezco a Dios (1 Corintios 6:19-20; Hebreos 13:5; 1 Pedro 1:18-19). También renuncio a la mentira de que soy una víctima. Declaro la verdad de que en Cristo soy más que vencedora, por medio de aquel que me amó (Romanos 8:37). Me niego a ser como aquellos que me han hecho estas cosas, así que rechazo el odio y elijo el perdón en Cristo (Efesios 4:31-32).

ABUSO VERBAL EMOCIONAL Y DEGRADANTE, ACOSO:

Renuncio a la mentira de que soy tonto, estúpido, imbécil; que no puedo hacer nada bien; que hubiera sido mejor que yo no hubiera nacido; que no soy amado, ni deseado, y que no me corresponde (agrega cualquier otro nombre o práctica que te haya degradado). Renuncio a todas las miradas de disgusto, a las voces elevadas y ásperas, a los comentarios sarcásticos, a los chistes cortantes, a los comentarios desagradables y burlones, al favoritismo hacia los demás, al descuido de mis necesidades básicas de amor, afecto y seguridad. Declaro que la forma en que me han tratado dice mucho más sobre el carácter de mis abusadores que sobre mí. Anuncio que estando en Cristo, el Señor mi Dios es poderoso en medio de mí. Él cantará y se regocijará por mí con alegría. Él me aquietará en su amor y gritará de gozo sobre mí (Sofonías 3:17). El Señor se deleita en mí (Isaías 62:4) y se complace en mí (Salmo 149:4). Yo soy la niña de sus ojos (Zacarías 2:8), y, por lo tanto, no solo soy precioso para él, sino que él me protegerá y me cuidará.

Mientras escribía el devocional de hoy, un mensaje muy claro del Señor llenó mi corazón. Quiero decirte algo que oro y espero que nunca olvides: Tú eres quien **Dios** (¡y nadie más!) dice que eres.

En Cristo, la vergüenza es derrotada. Se restaura la dignidad. Y el camino para volver a la dignidad comienza con el corazón de la fe que dice: Sí, Señor, yo creo en ti. ¿No comenzarías ese viaje hoy?

«Porque yo soy el Señor tu Dios, que sostiene tu mano derecha; yo soy quien te dice:

«No temas, yo te ayudaré». (Isaías 41:13)

PIENSA Y PROCESA:

Eres quien Dios dice que eres.

RECUERDA ESTA VERDAD:

«El SEÑOR se deleitará en ti». (Isaías 62:4)

PREGUNTAS PARA REFLEXIONAR:

¿Qué nombre(s) degradante(s), vejatorio(s) se aferra(n) todavía a tu alma, a los que necesitas renunciar? ¿Cómo te ve Dios?

HABLA CON DIOS:

Querido Padre celestial, a veces parece que el mundo entero me está lanzando mentiras que están dirigidas directamente a mi corazón, y tú eres el único que me dice la verdad. Ciertamente, necesito tu ayuda para proteger mi corazón, para que la vergüenza que quiere tragarme entero sea desalojada de mi alma. Te doy gracias porque tu palabra es viva y eficaz, y más cortante que cualquier espada de dos filos, y que penetra hasta lo más profundo de mi alma y de mi espíritu. Por lo tanto, puede destrozar las mentiras del enemigo e implantar la verdad en el nivel más profundo de mi corazón. Elijo hoy renunciar a todas las mentiras que me han causado vergüenza (¡adelante! y nómbralas específicamente), y elijo creer en la verdad de lo que tú dices que soy. Daré este primer paso en mi camino para volver a la dignidad en ti. Y te doy gracias porque me sostendrás de mi mano derecha todo el camino. Amén.

DÍA 18

DEJA ENTRAR EL AMOR

Mi amigo Rock, predicó un sermón en nuestra iglesia hace un tiempo, y dijo algunas cosas bastante sólidas sobre la vergüenza y el amor. Rock, por cierto, jugó a fútbol americano universitario y también ha sido pastor. Creo que su nombre encaja con un hombre de Dios duro y tierno. Mi nombre, Rich, sería muy apropiado para un jugador de fútbol americano, y tal vez para algunos tele-evangelistas, pero probablemente no sea tan genial para un pastor. De todos modos, esto es lo que dijo Rock:

> «Los mensajes de vergüenza de nuestro pasado pueden robarnos los mensajes de amor que Dios tiene para nosotros en el presente. Donde no has sido amado, estás herido emocionalmente. La vergüenza y la falta de experiencia del amor de Dios en esos lugares pueden parecer verdaderas, y por eso llegamos a creer en algún nivel que no somos dignos de ser amados».

Y entonces hizo la pregunta:

> «¿Dejarás que Dios entre en esos lugares no amados y avergonzados?»

Hay una historia de la vida del rey David que puede conectarse con cómo te sientes. Aún más importante, espero que te ayude a conectarte con lo que Dios siente por ti. La historia comienza con David haciendo una pregunta a sus siervos: *«¿Hay todavía alguno que haya quedado de la casa de Saúl, para que yo le muestre bondad por amor a Jonatán?».* (2 Samuel 9:1, LBLA)

Por si tu historia del Antiguo Testamento está un poco oxidada, Saúl reinó como rey antes de David, y Jonatán era el hijo de Saúl. Saúl había perseguido a David por el campo, tratando de matarlo en numerosas ocasiones. El hecho de que David quisiera mostrar bondad a uno de los parientes de Saúl es un poco sorprendente, por decir algo. ¡Dios muestra asombrosamente gracia a sus enemigos!

Jonatán y David, por otro lado, eran los mejores amigos. Cada uno se había comprometido, en caso de que alguno de ellos muriera, a cuidar de los miembros supervivientes de la familia del difunto. En una terrible batalla contra los filisteos, tanto Saúl como Jonatán murieron en el monte Gilboa. Un rato después, David recordó su pacto con Jonatán y preguntó si quedaba alguien a quien ayudar. Resultó que sí.

> «—Sí, todavía le queda a Jonatán un hijo que está tullido de ambos pies —le respondió Siba al rey». (2 Samuel 9:3)

Aunque este hijo de Jonatán ya era aparentemente un adulto, cuando tenía cinco años tropezó y se lastimó, mientras su niñera lo llevaba a un lugar seguro. Eso resultó en el daño a sus pies. El nombre del hombre cojo era Mefiboset (2 Samuel 4:4), lo que suena un poco como algo que podrías gritar cuando accidentalmente golpeas tu pulgar con un martillo.

De todos modos, Ziba lleva a «Mef» a David a petición del rey.

TERCERA SEMANA: DE LA DESGRACIA A LA GRACIA

Retomemos la historia en 2 Samuel 9:6-8:

> «Cuando Mefiboset, que era hijo de Jonatán y nieto de Saúl, estuvo en presencia de David, se inclinó ante él rostro en tierra.
> —¿Tú eres Mefiboset? —preguntó David.
> —A sus órdenes —respondió él.
> —No temas, pues en memoria de tu padre Jonatán he decidido beneficiarte. Voy a devolverte todas las tierras que pertenecían a tu abuelo Saúl y de ahora en adelante te sentarás a mi mesa.
> Mefiboset se postró y dijo:
> —¿Y quién es este siervo suyo para que usted se fije en él? ¡Si no valgo más que un perro muerto!».

Esta es realmente una gran historia. «Mef» estaba aterrorizado de que David fuera a matarlo, probablemente pensando que David quería asegurarse de que no hubiera ninguna posibilidad de que un descendiente de Saúl algún día reclamara el trono. Era un temor válido. Los reyes tendían a hacer ese tipo de cosas en esos días.

Pero David hizo exactamente lo contrario. Le devolvió el honor, la dignidad y la tierra para que «Mef» fuera un hombre estimado en la comunidad. De hecho, más adelante en la historia, el rey David le ordenó a Siba y a sus quince hijos y veinte sirvientes que cultivaran la tierra de «Mef» para que siempre tuviera suficiente para comer (v. 10). Este es el final feliz:

> «—Tu servidor hará todo lo que mi señor el rey me ordene —respondió Siba. A partir de ese día Mefiboset se sentó a la mesa de David[a] como uno más de los hijos del rey. Toda la familia de Siba estaba al servicio de Mefiboset, quien tenía un hijo pequeño llamado Micaías. Tullido de ambos pies, Mefiboset vivía en Jerusalén, pues siempre se sentaba a la mesa del rey». (2 Samuel 9:11-13)

En la sociedad actual, hemos aprendido cómo hacer la vida un poco más fácil para aquellos que están discapacitados (baños especiales, rampas, espacios de estacionamiento, etcétera), pero en los días del Antiguo Testamento, ser ciego, cojo, desfigurado, deforme o defectuoso de alguna manera era visto como una maldición. Prohibía a una persona servir como sacerdote (Levítico 21:16-21) y era una fuente de gran vergüenza. No es de extrañar que «Mef» se considerara a sí mismo como un «perro muerto».

Creo que es por eso por lo que la historia termina con la declaración: *«Ahora está tullido de ambos pies»*. Tratar a un hombre cojo como lo hizo David era, en esa cultura, un acto de bondad y gracia sin precedentes.

Ahora, es posible que no seas cojo, y probablemente no te referirías a ti mismo como un «perro muerto», al menos no con esas palabras exactas. Pero es posible que te identifiques con «Mef» y habrías compartido su asombro al ser tratado con amabilidad y gracia por alguien, especialmente por el rey. Tal vez tú, como dijo Rock antes, tienes algunos lugares en tu vida en los que nunca has experimentado el amor, y por lo tanto has llegado a verte a ti mismo como no digno de ser *aceptado*.

Cada uno de nosotros necesita tener a alguien en nuestras vidas que crea en nosotros, que sepa que valemos y que esté comprometido a ayudarnos a ser todo aquello para lo que fuimos creados. En medio de los asquerosos días de la adolescencia con acné, delgadez esquelética, mal aliento y peor personalidad, tuve una profesora de inglés a la que le gustaba y creía en mi escritura. Es cierto que era un poco peculiar (¡y no solo porque le gustaba!). Nos hizo pasar varias semanas analizando la canción de Simon y Garfunkel «The Sound of Silence» (Los sonidos del silencio), que era un poco extraña. Pero animado por ella, envié algo que escribí a una revista para adolescentes y lo publiqué. Eso significó mucho para mí.

El rey David tenía a Mefiboset. Yo tuve a la Sra. Garfunkel (no es su nombre real). ¿A quién tienes tú? ¿Quién hay en tu vida que mira la vergüenza de lo que has hecho y lo que otros dicen de ti y dice: «¡De todos modos, creo en ti!»?

En caso de que no te hayas dado cuenta, Jesús es un firme creyente en ti. Por él y en él, Dios te redefine. El apóstol Pablo habla de eso en 2 Corintios 5:16-18:

> «Así que de ahora en adelante no consideramos a nadie según criterios meramente humanos. Aunque antes conocimos a Cristo de esta manera, ya no lo conocemos así. Por lo tanto, si alguno está en Cristo, es una nueva creación. ¡Lo viejo ha pasado, ha llegado ya lo nuevo! Todo esto proviene de Dios, quien por medio de Cristo nos reconcilió consigo mismo y nos dio el ministerio de la reconciliación».

¿Resumen? Dios no juzga un libro por su portada, y nosotros tampoco deberíamos hacerlo. Lo que cuenta es la historia interior, y en Cristo, Dios ha escrito una novela completamente nueva sobre nuestras vidas, y tiene un final muy feliz. Y Dios quiere que ahora seamos un libro abierto para que otros lo lean, para que puedan conocer al autor y que su historia también sea reescrita.

Me encanta lo que dice en 1 Juan 4:16:

> «Y nosotros hemos llegado a saber y creer que Dios nos ama. Dios es amor. El que permanece en amor, en Dios permanece y Dios en él».

Probablemente sabes (al menos en tu cabeza) que Dios te ama. ¿Será que es hora ya de que finalmente llegues a *creer* eso?

PIENSA Y PROCESA:

Todos necesitamos a alguien en nuestras vidas que crea en nosotros.

RECUERDA ESTA VERDAD:

«Y nosotros hemos llegado a saber y creer que Dios nos ama». (1 Juan 4:16)

PREGUNTAS PARA REFLEXIONAR:

«Mef» se consideraba a sí mismo como un «perro muerto». ¿Cómo te ves a ti mismo? ¿Qué dice 2 Corintios 5:16-18 acerca de los nombres con los que te llamas a ti mismo o con los que otros te llaman?

HABLA CON DIOS:

Querido Padre celestial, es natural tratar de protegerme a mí mismo. Si tengo un corte, me pongo una tirita (curita). Si me rompo un hueso, el médico me coloca un yeso. Las rodilleras, los cabestrillos, los vendajes de gasa y todo eso están diseñados para proteger de un mundo sucio las zonas heridas y lesionadas, y darles la oportunidad de sanar. En mi alma tengo heridas, y he tratado de ocultar esos lugares de las miradas curiosas y no siempre amables de quienes me rodean. Al hacerlo, esperaba olvidar que esos lugares también están allí, y que tal vez, de alguna manera, desaparecerían o sanarían. Pero las heridas no han cicatrizado, ¿verdad? Como dije antes, es lo «natural» que hay que hacer. Pero tu palabra dice que el hombre natural no acepta las cosas del Espíritu de Dios (1 Corintios 2:14). Así que lo que necesito, Señor, no es una forma «natural» de lidiar con mi vergüenza, sino un camino «sobrenatural» hacia la curación. Y eso solo puede venir a través de ti. Conociendo y creyendo en el amor que tienes por mí, elijo abrir las puertas cerradas y los armarios ocultos de mi vida a tu amor, porque tú ciertamente eres amor. Gracias por creer en mí y por tu gracia, que cubre y quita mi vergüenza. Amén.

DÍA 19

ADOPTADO Y ACEPTADO

El recuerdo de ese momento está grabado para siempre en mi mente, después de haber sido capturado por mi cámara de video en 1999. Nuestro hijo tailandés recién adoptado, Lua Saibua, caminaba lentamente por la acera del Hogar de Bebés Rangsit de la mano de nuestra hija mayor, Michelle, que tenía ocho años en ese momento. Unos minutos más tarde, toda nuestra familia se subió a una minivan con los traductores y se dirigió a nuestro hotel en Bangkok. Lua nunca miró hacia atrás. La vida en el orfanato había terminado; la vida de un «Miller» había comenzado. Unos diez meses después, su adopción fue finalizada en el Tribunal Superior del Condado de Gwinnett, en las afueras de Atlanta, Georgia.

Me sorprende cuando pienso en todo lo que sucedió en la vida de Lua durante esos días. Se convirtió en ciudadano de un nuevo país; tenía nuevos padres; ganó un nuevo hermano y hermana y una familia extendida; se ponía ropa nueva y jugaba con juguetes nuevos. Tenía un nuevo lugar donde vivir; tuvo que aprender un nuevo idioma, adaptarse a un nuevo clima, acostumbrarse a nuevos edificios, plantas, animales, rostros y alimentos; entró en una nueva escuela y se convirtió en parte de una iglesia por primera vez en su vida.

Habría sido abrumador para la mayoría de la gente, pero Lua nunca pareció abrumado. Simplemente se dejaba llevar por la corriente, excepto cuando no podía salirse con la suya. Entonces, todos los que ya sabes qué, se desataban. Como aprendimos, una cosa es sacar al niño del orfanato; ¡otra cosa muy distinta es sacarle el orfanato al niño!

Tal vez te preguntes cómo supimos Shirley y yo que el Señor quería que adoptáramos. Había muchos factores, uno de los cuales era un creciente anhelo en nuestros corazones de hacerlo. Pero la confirmación llegó un día a través de Mateo 18:12-14:

> «¿Qué les parece? Si un hombre tiene cien ovejas y se extravía una de ellas, ¿no dejará las noventa y nueve en las colinas para ir en busca de la extraviada? Y si llega a encontrarla, les aseguro que se pondrá más feliz por esa sola oveja que por las noventa y nueve que no se extraviaron. Así también, el Padre de ustedes que está en el cielo no quiere que se pierda ninguno de estos pequeños».

Dios me dijo claramente: «Ve tras la una». Y así lo hicimos. No era la voluntad de nuestro Padre que Lua, de cuatro años, muriera.

¿Sabías que eres un hijo adoptivo, que tampoco es la voluntad de nuestro Padre que perezcas (ver 2 Pedro 3:9)? Bueno, es verdad. Si perteneces a Cristo, eres adoptado en su familia (Romanos 8:15). Eres ciudadano de un nuevo país (Filipenses 3:20), con un nuevo Padre, nuevos hermanos y hermanas, un nuevo idioma, llamado *fe* y una nueva iglesia (el cuerpo global de Cristo). Incluso se te ha dado un nuevo corazón y un nuevo espíritu (Ezequiel 36:26). Literalmente tienes una nueva vida, la vida de Cristo en ti (1 Juan 5:11-13).

Tal vez no sabías que eres adoptado. No estoy seguro de que Lua tuviera idea de lo que estaba pasando cuando lo llevamos de Tailandia a Estados Unidos. El término «adopción» no tendría sentido para él, aunque sin duda le estaba sucediendo. Y dado que Lua es un niño con necesidades especiales, todavía no estamos seguros de cuánto entiende. Pero esto es lo que dice la «Sentencia final y decreto de adopción» del Condado de Gwinnett, Georgia, para Lua Saibua:

> "POR LA PRESENTE SE ORDENA, JUZGA y DECRETA que se conceda la petición de adopción y que se registre esta sentencia final y el decreto de adopción. El Tribunal, por la presente, pone fin a todos los derechos de los padres biológicos sobre dicho niño, y declara que el niño es el hijo adoptivo de los peticionarios, capaz de heredar sus respectivos bienes de acuerdo con la ley... La relación entre Shirley Grace Miller y el niño, y Richard Edward Miller y el niño, en cuanto a sus derechos y responsabilidades legales, será la relación de padre e hijo, según lo dispuesto por la ley».

¡Eso es exactamente lo que te sucedió cuando te convertiste en un hijo de Dios! Todos los derechos de propiedad del maligno hacia ti fueron terminados. Fuiste trasladado, movido, sacado del dominio de las tinieblas y llevado al reino del Hijo de Dios (Colosenses 1:13). Mira lo que Dios tiene que decir acerca de tu adopción:

> «Porque todos los que son guiados por el Espíritu de Dios son hijos de Dios. Y ustedes no recibieron un espíritu que de nuevo los esclavice al temor, sino el Espíritu que los adopta como hijos y les permite clamar: «¡Abba! ¡Padre!». El Espíritu mismo asegura a nuestro espíritu que somos hijos de Dios. Y si somos hijos, somos herederos; herederos de Dios y coherederos con Cristo, pues si ahora sufrimos con él, también tendremos parte con él en su gloria». (Romanos 8:14-17)

A veces la vergüenza nos hace pensar que no pertenecemos a la familia. Y tal vez has sentido que nunca encajaste, que los demás no te querían, que eres un extraño, un inadaptado. Huérfano.

Dios quiere que sepas que has sido bienvenido en la familia de Dios, en pie de igualdad con todos los demás seguidores de Cristo en todo el mundo, con una herencia increíble esperándote en el cielo (ver 1 Pedro 1:3-5).

Tú sí perteneces. Habéis sido aceptados en el Amado [Cristo] por la gracia de Dios (Efesios 1:6). La Biblia también dice que debemos darnos una cálida bienvenida los unos a los otros, así como Dios nos la dio:

> «Por tanto, acéptense mutuamente, así como Cristo los aceptó a ustedes para gloria de Dios».
> (Romanos 15:7)

Creo que es posible saber que somos *queridos*, pero todavía no creemos que seamos *aceptados*. ¿Has pensado alguna vez en eso? Podemos saber que Dios nos eligió y que se preocupa sinceramente por nosotros, pero creemos que necesitamos limpiar nuestros actos o mejorar nuestro rendimiento para «formar parte del equipo» por completo. Solo entonces seremos aceptables y aceptados, o al menos eso creemos.

La adopción zanja la cuestión de una vez por todas. Cuando adoptas a un niño, en el viaje te acompaña todo tipo de equipaje. Ese fue seguramente el caso de Lua. Tiene grandes problemas de ira; ha sido diagnosticado con TDAH; aprende a un ritmo extremadamente lento; es bastante inseguro (todavía se chupa el pulgar a veces a los 28 años); y comete los mismos errores una y otra vez.

Mmm... Suena muy parecido al resto de nosotros, ¿no?, menos tal vez chuparse el dedo.

Pero no podemos imaginar nuestra familia sin él. Moriría por él, al igual que el resto de la familia, y él es tan «Miller» como nuestros tres hijos biológicos con alta capacidad.

Dios no puede imaginar a su familia sin ti. Él moriría por ti. De hecho, ya lo hizo. Y eres tan parte de la familia de Dios como las superestrellas cristianas de las que oyes hablar y respetas. Dios no está esperando a que «mejores» antes de ponerte la alfombra de bienvenida. ¡Ya estás en el equipo, en la familia, en el juego, y tu padre está emocionado por todos los «goles» que marcarás en tu vida!

Y, por cierto, hay una cosa nueva más sobre Lua que no mencioné: su nombre. Su nuevo nombre es Luke. Joshua Luke Saibua Miller, para ser exactos.

Adoptado y aceptado, ese eres tú. Dios no se avergüenza de ti, y Jesús no se avergüenza de llamarte hermano o hermana (ver Hebreos 2:11). Entonces, ¿por qué te avergüenzas tú?

Por cierto, a ti también te han dado un nuevo nombre. Estén atentos a esa historia mañana.

PIENSA Y PROCESA:

En Cristo hemos sido completamente adoptados y completamente aceptados en la familia de Dios. Dios no se avergüenza de ti ni de mí.

RECUERDA ESTA VERDAD:

«Y ustedes no recibieron un espíritu que de nuevo los esclavice al temor, sino el Espíritu que los adopta como hijos y les permite clamar: «¡Abba! ¡Padre!».
(Romanos 8:15)

PREGUNTAS PARA REFLEXIONAR:

¿Qué significa ser «aceptado» por Dios? Al comprender esta verdad sobre tu relación con Dios, trata de pensar en algunas palabras o frases de la vida cotidiana que sean realmente significativas para ti.

HABLA CON DIOS:

¡Abba! ¡Padre! Realmente puedo venir a ti, invocándote con esos nombres, ¿no es así? ¡Papi! ¡Padre! Pienso en cómo los corazones de los papás terrenales arden cuando sus hijos corren hacia ellos, llamándolos «¡Papá!». No me sorprendería que tu corazón también ardiera. Gracias por adoptarme en tu familia y hacerme sentir tan bienvenido. Es realmente cierto que no te avergüenzas de llamarme tu hijo, y que Jesús no se avergüenza de ser mi hermano mayor. Puedo ver cómo a veces estoy completamente convencido de tu amor por el mundo, como en Juan 3:16, e incluso hay momentos en que estoy seguro de tu amor personal e íntimo por mí. Pero probablemente, la mayoría de las veces tengo la duda persistente de que, en realidad, no me aceptas tal como soy ahora. A veces pienso que me toleras, pero serías mucho más feliz si fuera más como otra persona. Por favor, perdóname, Padre, por dudar de tu aceptación y por pensar que tengo que hacer algo para hacerme aceptable a ti. Tu Hijo ya hizo eso, ¿no es así? ¡Qué gracia tan asombrosa! Amén.

DÍA 20

UN NUEVO NOMBRE

Estaba asistiendo a una práctica de dos semanas, que era uno de los requisitos de la maestría en consejería cristiana que estaba cursando. Un día escuchamos a un orador que nos animó a pedirle a Dios que nos mostrara cuál era nuestro «antiguo nombre» y nuestro «nuevo nombre». Por «nombre antiguo» se refería a esa etiqueta que habíamos llevado en nuestra alma, tal vez la mayor parte de nuestras vidas, que nos perseguía y perseguía nuestros pasos, incluso después de haber experimentado una nueva vida en Cristo. Por «nuevo nombre» no estaba hablando de tratar de echar un vistazo al nuevo nombre escrito en la piedra blanca que Jesús dijo que tendríamos en el cielo (Apocalipsis 2:17). Se refería a un nombre, título o frase que fuera particularmente significativo para nosotros y que conectara nuestros corazones con nuestra nueva identidad en Cristo.

La mayoría de nosotros podemos identificar fácilmente los «nombres antiguos». Cosas como «estúpido», «imbécil», «gordo», «torpe», «no puedo hacer nada bien», «desearía no haber nacido nunca», «sucio», «conseguir lo que te mereces», etcétera, pueden ser recordatorios vívidos y constantes de fracasos, rechazo y abuso del pasado. Algunos «viejos nombres» pueden parecer útiles, como «estrella», «fuerte», «puedes hacer cualquier cosa que te propongas», «líder», «a cargo», «todos cuentan contigo», etc., mientras que en realidad sirven como un peso de plomo alrededor de nuestros cuellos, agobiándonos e incluso aplastándonos con una carga de responsabilidad más allá de nuestra capacidad o madurez.

Hace un par de días describí algo de cómo era mi vida en mis años de preadolescencia y adolescencia temprana. Cuando seguí el consejo del orador de la práctica y le pedí al Señor que me mostrara mi «antiguo nombre», pasaron unos dos días antes de que me diera la descripción perfecta. Era un «paria». Así es exactamente como me sentía, e incluso mucho después de encontrar una nueva vida en Cristo, a veces sentía que nadie me quería cerca. Todavía había una tremenda cantidad de vergüenza en mi alma.

¿Qué pasa con mi «nuevo nombre»? Bueno, lo primero que hay que reconocer es que a Dios le gusta dar nuevos nombres. En la Biblia, Jacob se convirtió en Israel. Simón se convirtió en Pedro. Saulo se convirtió en Pablo. Los nuevos nombres son extremadamente importantes para Dios, ya que indican un cambio de corazón, un cambio de identidad, un cambio de carácter. Incluso a Israel mismo se le promete un nuevo nombre en Isaías 62:2-5, lo que indica una nueva relación con su Dios:

> «Las naciones verán tu justicia y todos los reyes, tu gloria; recibirás un nombre nuevo, que el Señor mismo te dará. Serás en la mano del Señor como una corona esplendorosa, como una diadema real en la palma de tu Dios. Ya no te llamarán "Abandonada" ni a tu tierra la llamarán "Devastada"; sino que serás llamada "Mi deleite", tu tierra se llamará "Mi esposa"; porque el Señor se deleitará en ti y tu tierra tendrá esposo. Como un joven que se casa con una joven, así el que te edifica se casará contigo; como un novio que se regocija por su novia, así tu Dios se regocijará por ti».

Puesto que la Iglesia, el cuerpo de Cristo, también ha de ser un día la esposa de Cristo (véase 2 Corintios 11:2; Apocalipsis 19:7-8), no tengo ningún problema en ver que los seguidores del Señor Jesús son, de alguna manera, los beneficiarios de la gracia de estas hermosas promesas, incluyendo también un «nuevo nombre». Sería una gran idea que te tomaras unos minutos y pensaras en el gran amor del Señor por ti expresado en el pasaje de Isaías 62:2-5 anterior.

En cuanto a mi «nuevo nombre», llegó unos días después de la revelación del «viejo nombre». Era el «amigo elegido». Eso realmente significó mucho para mí, como explicaré en un minuto. Pero en caso de que te estés preguntando si ese nombre es bíblico o no, echa un vistazo a los siguientes versículos:

> «Nadie tiene amor más grande que el que da la vida por sus amigos. Ustedes son mis amigos si hacen lo que yo les mando. Ya no los llamo siervos, porque el siervo no está al tanto de lo que hace su amo; los he llamado amigos, porque todo lo que a mi Padre le oí decir se lo he dado a conocer a ustedes. No me escogieron ustedes a mí, sino que yo los escogí a ustedes». (Juan 15:13-16a)

Ahora, yo no recomendaría que te acercases a tu amigo y le dijeras: «Tú eres mi amigo si haces lo que yo te mando». Esa no es una gran estrategia de relación. Pero como Jesús no solo es nuestro amigo, sino también nuestro Señor, tiene todo el derecho de decir eso.

El objetivo de compartir esos versículos es para que sepas que, si estás en Cristo, eres amigo de Dios al igual que yo. Y aunque llegamos a la fe en Jesús y lo recibimos, en realidad todo se debió a que Dios obró en nosotros, nos eligió y nos atrajo hacia él. Él nos eligió. Y él nos escogió a ti y a mí porque nos ha *buscado* y quiere pasar tiempo con nosotros (Marcos 3:13-14).

Cuando estaba pasando por esos años difíciles como un «paria», si quería pasar algún tiempo con un amigo, tenía que llamarlo. Nadie tomó la iniciativa por mí; siempre tenía que dar el primer paso. Afortunadamente había un par de chicos que ciertamente venían.

De todos modos, cuando el Señor me dio el nuevo nombre de «amigo elegido» y me señaló Juan 15:16, me dio esta palabra: «Rich, no me llamaste por teléfono, yo te llamé a ti. Yo tomé la iniciativa contigo. Tú eres mi amigo elegido». Eso todavía significa mucho para mí.

Entonces, ¿cuál es tu «antiguo nombre»? Identificarlo podría muy bien ser una parte importante de tu proceso de curación para que puedas renunciar a él como lo hice yo. Y lo que es más importante, ¿cuál es tu «nuevo nombre»? De todas las verdades sobre tu identidad en Cristo de Efesios 1 y 1 Pedro 1-2 y otros lugares de las Escrituras, ¿qué nombre es realmente significativo para ti a nivel del corazón? Permitir que la verdad de tu nueva identidad en Cristo penetre en los lugares de vergüenza en tu alma puede ser absolutamente transformador para tu vida.

Los ejercicios al final del devocional de hoy pueden ser justo lo que Dios quiere para ti, así que asegúrate de tomarte un tiempo, sin prisas, para hacerlos.

PIENSA Y PROCESA:

Dios quiere darnos un nuevo nombre que exprese la verdad de lo que somos ahora en Cristo de una manera que nos sane y nos transforme.

RECUERDA ESTA VERDAD:

«como un novio que se regocija por su novia, así tu Dios se regocijará por ti.». (Isaías 62:5b

PREGUNTAS PARA REFLEXIONAR:

¿Cuál es tu «antiguo nombre»? ¿Cuál es tu «nuevo nombre»? Usa la siguiente oración para hablar con Dios sobre este asunto y espera que él responda a tu oración en los días venideros.

HABLA CON DIOS:

Amado Padre celestial, cuando miras mi antigua vida sin ti, ¿qué ves? ¿Qué nombre, etiqueta o descripción resumiría esa parte de mi vida a tus ojos? Quiero liberarme de que esa etiqueta me persiga y me robe el gozo, y me impida caminar por fe de acuerdo con lo que soy en ti ahora. Así que te pido discernimiento y comprensión y te agradezco de antemano por ello. Por mucho que quiera renunciar a todo lo que fui separado de ti, anhelo aún más, anunciar la verdad de quién soy ahora en ti. Revélale a mi corazón de una manera poderosa y transformadora cómo me ves ahora, y ayúdame a recibir esa palabra, mi nuevo nombre, para libertad, sanación y empoderamiento. Protégeme de mis propias especulaciones e imaginaciones, así como de la falsa guía del enemigo. Te agradezco que ser guiado por ti sea una de las realidades de mi relación viva contigo. Sé que me amas. Yo también te quiero.
Amén.

DÍA 21

DESENMASCARANDO AL IMPOSTOR

Al concluir estas dos semanas enfocándonos en la culpa y la vergüenza y en el antídoto de Dios para cada una, espero que estés viendo el poder de lo que él ha hecho por ti en Cristo. Debido a todo lo que el Señor Jesús ha hecho por nosotros, su muerte en la cruz, su sepultura y resurrección, su envío del Espíritu Santo, su entrega de su palabra y su creación de la Iglesia, el cuerpo de Cristo, tenemos todo lo que necesitamos para la vida y la piedad.

Nuestra responsabilidad es *confiar* en lo que él dice y caminar en la verdad de lo que ha hecho por nosotros y en nosotros. Y cuando se trata de la «enfermedad» de la vergüenza, abrazar nuestra nueva identidad en Cristo (lo que realmente somos ahora) es la cura. Las cosas viejas pasaron, y otras nuevas vinieron (2 Corintios 5:17). Leer y pensar en oración acerca de quién eres en Cristo (ver *Victoria sobre la oscuridad y Los Pasos hacia la Libertad en Cristo*, por el Dr. Neil T. Anderson, para más ayuda) hará que esas verdades penetren profundamente en tu corazón. Son ciertas porque están sacadas directamente de la palabra de Dios. Y porque *son* ciertas, puedes creerlas.

Sin embargo, ¿alguna vez has notado que «creer la verdad» puede ser, a veces, más fácil decirlo que hacerlo? En el devocional de hoy queremos desenmascarar una de las estrategias del enemigo (Satanás) diseñada para hacer que confiar en Dios sea más difícil de lo que es. Él sabe muy bien cuál es la cura de Dios cien por ciento efectiva para la vergüenza; él simplemente no quiere que lo creas.

Esta táctica diabólica se puede resumir simplemente como «personificar la voz de Dios en tu vida». Así es: por muy sucio que parezca un truco (¿pero desde cuándo se ha preocupado el diablo por pelear limpio?), Satanás y sus demonios intentarán hacerte creer que estás escuchando a Dios, cuando en realidad les estás escuchando a ellos. Lo que «escuches» probablemente no será audible, sino que tomará la forma de impresiones, a veces ideas, pensamientos y sentimientos muy fuertes.

Lamentablemente, muchos del pueblo de Dios permanecen encerrados en una autopercepción basada en la vergüenza, porque creen que la voz dura y acusadora en sus mentes es en realidad Dios hablando, cuando no es así. Así que, con el fin de ayudarte a descubrir a esta rata mentirosa de las tinieblas, voy a exponer algunos principios básicos de contraste entre cómo Dios nos habla y cómo lo hace el diablo.

 Primero: considera el «tono de voz». La voz de Dios es la voz suave y amorosa de un padre que invita, da la bienvenida y nos insta a regresar a él cuando hemos pecado. La voz del diablo es acusadora, regaña y se burla. Genera temor, causa confusión y proyecta una sensación de rechazo. A veces incluso crea dudas sobre lo que está bien y lo que está mal.

Segundo: la obra del Espíritu Santo en nuestras mentes es específica. Él nos insta a confesar y arrepentirnos de algo que hemos hecho y nos asegura el perdón y la purificación cuando lo hacemos (véase 1 Juan 1:9). El diablo trae un sentimiento general de culpa y vergüenza, como si todo estuviera mal y no hubiera una acción clara que podamos tomar para remediar el problema. El resultado puede ser una sensación casi abrumadora de debilidad y desesperanza.

En tercer lugar: la estrategia de Dios es animarnos, haciéndonos saber que somos amados por él, e instándonos a creer que hay esperanza para un cambio real mientras confiamos en el poder del Espíritu Santo para vivir bien la vida. Por otro lado, la táctica del diablo es el desaliento. Centra su ataque en nosotros como personas, cortando nuestra autoimagen en tiras. Ataca nuestro carácter. Él envía el mensaje de que somos débiles, no amados, inútiles, vergonzosos y que no hay esperanza de cambio.

Un ejemplo podría ser lo que sucede cuando dices una mentira. El Espíritu Santo diría algo así como: «Sabes que lo que dijiste allí no era verdad. Te estabas cubriendo para parecer mejor de lo que realmente eres. Confiésalo al Señor y comprométete a decir la verdad con amor». El diablo podría decir: «¡Mentiroso! No se puede confiar en ti. ¡Eres un podrido y mal mentiroso y eso es una lamentable excusa para un cristiano! ¿Cómo pudiste haber hecho eso?»

¿Se te están encendiendo bombillas en la mente? Tal vez te estés dando cuenta de que tu concepto de Dios como duro, estricto, rígido e inflexible es simplemente el esfuerzo de un imitador astuto. Tal vez hayas escuchado demasiado tiempo a un impostor. Si es así, no te desanimes. Solo mira el día de hoy como el amanecer de una nueva luz en tu vida y la eliminación de una vía más de ataque enemigo.

Cuarto: en Cristo la culpa y la vergüenza han desaparecido. Ese es siempre el mensaje de Dios. La restauración está completa. La táctica del diablo es repetir la película de recuerdos pasados de pecado, culpa y vergüenza. Elabora relatos de nuestros pecados, fracasos y ofensas pasadas (que ya están lavados por la sangre de Cristo) y trata de hacernos temer que nos perseguirán para siempre y que nunca seremos realmente libres.

Quinto: el deseo de Dios es siempre atraer a sus hijos de vuelta a él con bondad, tolerancia y paciencia (véase Romanos 2:4). Con él siempre existe la promesa de un nuevo comienzo, otra oportunidad y una nueva esperanza basada en nuestra relación permanente entre padre e hijo, que él aprecia. Satanás, sin embargo, se disfraza como un agente de santidad y quiere que creamos que Dios en su santidad está tan ofendido por nuestra impiedad que somos indignos de su amor y de venir a la presencia de Dios. En otras palabras, el diablo quiere que creamos que somos miserables pecadores en lugar de los gloriosos santos que somos.

Sexto: el Señor nos guiará y dirigirá a las escrituras que nos animen y nos recuerden las promesas inmutables de Dios y su amor inquebrantable. Él quiere que sepamos que es fiel y leal a su pacto, aun cuando demostremos ser infieles por un tiempo (véanse 2 Timoteo 2:13; 1 Juan 3:20). «Por lo tanto, ya no hay ninguna condenación para los que están en Cristo Jesús». (Romanos 8:1). Por otro lado, Satanás usa la ley en contra de nosotros, para presionarnos a justificarnos en un vano intento de confiar en nuestra propia justicia (recuerda Gálatas 2:16). Por lo tanto, ¡ahora hay mucha condenación con el diablo! A veces llega a tratar de convencernos de que hemos cometido el pecado imperdonable; por lo menos, tratará de hacernos dudar de que hemos sido cien por cien sinceros en nuestra confesión, de modo que terminaremos confesando y arrepintiéndonos de las mismas cosas una y otra vez, tratando de «hacerlo bien».

Séptimo: Dios quiere que creamos en los hechos de su palabra, la Biblia. El diablo quiere que creas que lo que nosotros podamos *sentir* es cierto. A veces nuestros sentimientos de duda, temor, autocompasión, la «injusticia» de Dios, etcétera, pueden «parecer más verdaderos» que lo que dice la Biblia. Si creemos en nuestros sentimientos, le hacemos el juego a Satanás. Si conocemos y creemos la verdad, somos liberados (Juan 8:31-32).

Finalmente, el Señor siempre nos insta a volver a la comunión y a la comunicación con Él mismo y con el cuerpo de Cristo, porque sabe que ahí es donde se encuentran el gozo y la sanación a largo plazo. El diablo siembra sugestiones que nos hacen alejarnos de otros cristianos, pensando que ya nos están rechazando. En nuestro aislamiento, nos sentimos solos, heridos, indignos, incomprendidos, enojados y rechazados por los demás. Este aislamiento no solo nos hace susceptibles a una espiral más profunda hacia el pecado, sino también a algunas condiciones emocionales muy dolorosas e incluso peligrosas.

Bueno, esto ha terminado convirtiéndose en un mini manual de discernimiento espiritual, ¿no es así? Pero espero que te sea útil a ti y a tus seres queridos. Termino hoy y el tema de esta semana con esta poderosa sección de una de las cartas de Pablo. Estas palabras nos recuerdan la diferencia crucial entre la tristeza y el arrepentimiento según Dios que nos llevan de vuelta a Él, y la tristeza mundana (que el diablo incita), que trae arrepentimiento, aislamiento e incluso la muerte:

> «Sin embargo, ahora me alegro, no porque se hayan entristecido, sino porque su tristeza los llevó al arrepentimiento. Ustedes se entristecieron tal como Dios lo quiere, de modo que nosotros de ninguna manera los hemos perjudicado. La tristeza que proviene de Dios produce el arrepentimiento que lleva a la salvación, de la cual no hay que arrepentirse, mientras que la tristeza del mundo produce la muerte». (2 Corintios 7:9-10)

PIENSA Y PROCESA:

El diablo puede poner impresiones en nuestras mentes que se hacen pasar por la voz de Dios, buscando mantenernos encerrados en la culpa y la vergüenza.

RECUERDA ESTA VERDAD:

«Si se mantienen fieles a mis palabras, serán realmente mis discípulos; y conocerán la verdad, y la verdad los hará libres». (Juan 8:31-32)

PREGUNTAS PARA REFLEXIONAR:

Al mirar tu vida, ¿qué estrategias ha usado el diablo eficazmente contra ti de las que se analizan en el devocional de hoy? ¿A qué verdad acerca de Dios y su palabra necesitas aferrarte para derrotar las tácticas del enemigo?

HABLA CON DIOS:

Querido Padre celestial, la mayoría de las veces tengo que admitir que no tengo ni idea de lo que está sucediendo en el mundo espiritual invisible que me rodea. Vivo gran parte de mi vida creyendo que las cosas dependen de mí. Cuando leo la Biblia o voy a la iglesia, soy un poco más consciente de ti, y quiero que esa conciencia de tu presencia se fortalezca y sea más consistente. Pero el devocional de hoy me ha abierto los ojos para ver que he sido en gran medida ajeno a la realidad del mundo invisible de los poderes de las tinieblas. Y eso no puede ser bueno. ¿Cuántas veces he pensado que solo estaba luchando contra mis propios pensamientos, cuando en realidad he estado luchando contra poderes oscuros sin darme cuenta? ¿Cuántas veces me han engañado para creer que era tu voz en mi mente cuando era el enemigo? Por favor, dame discernimiento, Señor, para que pueda elegir tu verdad y rechazar las mentiras del diablo que bombardean mi cerebro. Gracias por exponer algunas de sus tácticas, para que yo pueda librar y ganar la guerra espiritual. Quiero caminar libre de las trampas de la falsa culpa y la falsa vergüenza, y de una falsa visión de ti que el diablo querría que aceptara como verdad. Amén.

CUARTA SEMANA

DEL TEMOR A LA FE

DÍA 22

DIOS ESTÁ DESPIERTO

Ahora llegamos a nuestra cuarta semana de *40 días de gracia* y echaremos un vistazo a cómo la gracia de Dios nos da el coraje para vencer los temores malsanos y controladores en nuestras vidas. Como muchos han expresado a lo largo de los años, el coraje no es la ausencia de temor; el coraje es hacer lo que es correcto y responsable frente al temor.

Es importante saber eso para que no pienses que estamos tratando de eliminar todos los sentimientos de temor de nuestras vidas, por mucho que nos disgusten. Ni siquiera es prudente hacerlo, ya que hay algunos temores que son muy saludables.

Haciendo senderismo en las montañas desérticas cerca de Needles, California, fue algo bueno, algo de Dios en realidad, alarmarse y detenerse bruscamente cuando vi una serpiente de cascabel tomando el sol en el camino a unos seis metros frente a mí. Y cuando le lancé una piedra para tratar de que se moviera y se colocó en una posición enroscada con la cabeza y la cola hacia arriba, lista para atacar, mi aprensión se convirtió en temor con la misma rapidez. Tenía temor, y debía tenerlo.

No, no todo temor es malo. El temor envía sustancias químicas a través de nuestros cuerpos que nos permiten tomar decisiones de «lucha o huida» de manera instantánea y decisiva, para nuestra propia protección.

Pero ¿qué pasaría si anduviera buscando ansiosamente serpientes en todos los lugares a los que voy? ¿O qué pasaría si me negara a salir, por temor a que una serpiente de cascabel me atrapara? No hace falta ser un genio para ver la diferencia entre los temores sanos y los malsanos. Un temor saludable alerta a alguien de un peligro que realmente está ahí. Es decir, la amenaza es ambas cosas: *presente* y *poderosa*. Un temor malsano, o lo que en un estado agudo o crónico a menudo se llama una «fobia», alerta a alguien sobre un peligro que es imaginario, que existe únicamente en la mente de la persona con el temor. En otras palabras, el objeto del temor, en la mente de la persona temerosa, es a la vez *presente* y *poderoso* cuando en realidad al menos uno de esos dos atributos no existe.

Volvamos a las serpientes. Primero, ¿todas las serpientes son peligrosas? No, muchas no lo son. De hecho, nunca he visto una serpiente venenosa alrededor de mi casa en más de veinte años, aunque he visto muchas serpientes. Así que la verdad es que, probablemente, la mayoría de las serpientes no son «poderosas». Es decir, no pueden hacernos daño. En segundo lugar, ¿hay serpientes arrastrándose por cada centímetro cuadrado de tierra, algo así como ese horrible pozo de serpientes en el que se encontró *Indiana Jones en busca del arca perdida*? No, claro que no. Así que las serpientes tampoco están particularmente «presentes».

Por lo tanto, las serpientes no están presentes en todas partes, y la mayoría no son poderosas en absoluto. Por eso, una persona con un temor saludable a las serpientes no tiene temor de caminar afuera, ni vive con el temor constante de ser mordida. Pero para alguien con un temor irracional que se ha desarrollado dentro de sus mentes, el mundo puede convertirse en un lugar muy peligroso y aterrador.

Ahora, obviamente los devocionales de esta semana no se tratan principalmente de superar el temor a las serpientes. Tampoco se trata solo de conquistar las fobias, aunque es de esperar que eso sea parte del paquete. La realidad es que casi todos luchamos con algún tipo de temor malsano.

¿No lo crees? Bueno, entonces, piensa en diez amigos cercanos o familiares que no conocen a Jesús. Ahora piensa en cómo llevarles las buenas nuevas en la próxima semana y haz planes para hacerlo.

¿Ves a lo que me refiero? Casi puedes sentir que tu presión arterial y tu nivel de ansiedad aumentan.

El punto es que ninguno de nosotros camina por fe el cien por ciento del tiempo. Todos nosotros, en un grado u otro, permitimos que los temores nos controlen y nos impidan hacer lo que es correcto y responsable. En otras palabras, necesitamos la gracia de Dios para vivir con valentía, incluso si no somos conscientes de nada que pueda llamarse fobia en nuestras vidas.

Un factor importante para tener en cuenta con los temores irracionales es que parecen muy reales para quienes los experimentan. Por lo tanto, es inútil tratar de curar a alguien de *temores irracionales* con *argumentos racionales* como «No hay nada que temer» o «Todo está en tu mente» o «¿Ves? Nadie más tiene temor, así que tú tampoco deberías tenerlo». Te haces una idea.

He reflexionado mucho sobre el tema del temor a lo largo de los años, y he llegado a algunas conclusiones «finales» que creo serán útiles para analizar cuando comencemos esta semana.

La primera conclusión es que el temor y la fe son como dos extremos opuestos de un balancín o columpio. Cuando un extremo sube, la otra baja, y viceversa. De la misma manera, cuando el temor sube, la fe disminuye, y viceversa. El temor nos roba la fe, y la fe le roba al temor su poder para controlarnos. Así que el truco es seguir creciendo en tu fe en Dios y en su palabra.

La segunda conclusión, que sigue a la primera, es que la solución definitiva a cualquier temor malsano es tener una percepción verdadera de Dios y de su visión: *poder* constante y amorosa *presencia* en todas las situaciones. Verás, las personas temerosas se sienten muy solas, abandonadas, aisladas, «solitarias», vulnerables e indefensas. No recuerdan que Dios es capaz de ayudar y que está cerca y muy dispuesto a hacerlo.

Aquí hay otro par de ecuaciones:

> **Situación amenazante (o percibida como amenazante) + sentirse solo e indefenso = Temor**
>
> **La misma situación + saber que Dios se preocupa y está presente y poderoso = Fe**

De alguna manera obtienes esa sensación de mi cita favorita sobre el coraje. Proviene de la pluma del escritor Víctor Hugo. Él dijo: «Ten valor para las grandes penas de la vida y paciencia para las pequeñas; Y cuando hayas cumplido laboriosamente tus tareas diarias, vete a dormir en paz. Dios está despierto».

Hay que recordar que Dios está despierto y nunca duerme y nunca se separa de mi lado, me ayuda a caminar por fe y no con temor.

Recuerdo una noche en que mi hijo pequeño, Brian, estaba febrilmente enfermo y agitado, asustado, dando vueltas y vueltas toda la noche. Me senté al lado de su cama para asegurarme de que no estuviera en peligro, de vez en cuando colocaba mi mano en su frente para ver si su fiebre empeoraba, y oraba por su curación. Estaba decidido a estar allí para él y a ser capaz de mirarlo a los ojos con amor y tranquilidad si abría los ojos para ver que yo seguía allí. Varias veces abrió los ojos, y una vez que supo que no me había ido, los volvió a cerrar y se volvió a dormir. Todo estaba bien. No había que temer. Papá estaba allí y despierto.

Terminaremos el devocional de hoy con un par de versículos de la Biblia que vale la pena memorizar. En el primero, la seguridad de alguien que busca la ayuda de Dios. En el segundo, Dios hablándonos directamente a ti y a mí acerca de nuestros temores:

> «En mi lecho me acuerdo de ti; pienso en ti en las vigilias de la noche. A la sombra de tus alas canto

de alegría, porque tú eres mi ayuda. Mi alma se aferra a ti; tu mano derecha me sostiene». (Salmos 63:6-8)

«Así que no temas, porque yo estoy contigo; no te angusties, porque yo soy tu Dios. Te fortaleceré y te ayudaré; te sostendré con la diestra de mi justicia». (Isaías 41:10)

Cuando tenemos temor, corremos a Dios y nos aferramos a él desesperadamente, temerosos de soltarnos para que no nos deje solos. Hijo de Dios, no eres tú, el que te aferras a él, lo que te salva; lo que te salva es que él te está sosteniendo con su mano derecha. Puedes dormir en paz. No hay que temer. Dios está despierto.

PIENSA Y PROCESA:

Cuando la fe sube, el temor baja. Y viceversa.

RECUERDA ESTA VERDAD:

«No temas, porque yo estoy contigo». (Isaías 41:10)

PREGUNTAS PARA REFLEXIONAR:

Pídele a Dios que te muestre las personas de las que te alejas por temor o las situaciones que evitas por temor o aprensión. ¿Tienes algún temor que haya estado ahí durante mucho tiempo, en el que realmente te gustaría que la gracia de Dios te hiciera valiente?

HABLA CON DIOS:

Querido Padre celestial, cuando estoy en contacto con la verdad y veo las cosas como realmente son, tengo que admitir que la vida por mi cuenta y con mis propias fuerzas es una propuesta bastante aterradora. Hay tantas variables y cosas que están fuera de mi control. Muchas veces, sin embargo, todavía puedo ser arrullado en un estado de complacencia petulante hasta que algo en la vida o en las noticias sacude mi mundo y me devuelve a la realidad de que nada aparte de ti es algo seguro. Y, sin embargo, tampoco quiero vivir una vida controlada por el temor. Quiero vivir con la conciencia constante de que tú estás ahí, te preocupas por mí y me sostienes con tu justa diestra. Por favor, hazme consciente de las cosas que me roban la fe y me mantienen en las garras de la ansiedad o el temor. Espero vivir aún más de la manera correcta y responsable, llena de coraje para enfrentar mis temores, por tu gracia. Gracias porque estás despierto.
Amén.

DÍA 23

EL ARMA DE ADORACIÓN

Tenía temor. Mientras miraba hacia el acantilado de nueve metros de altura que se suponía que todos debíamos escalar, comencé a sudar. Otros que tenían experiencia en escalada en roca y aseguramiento me explicaron lo seguro que era. Sí, claro. El tipo que estaba escalando el acantilado antes de que fuera mi turno cayó unos tres metros de espaldas porque su asegurador era un poco perezoso. ¡Eso no reforzó exactamente mi confianza! Afortunadamente, ni el escalador ni el asegurador (¡sobre el que aterrizó el escalador!) resultaron heridos.

Bueno, como una pesadilla hecha realidad, finalmente me tocó a mí subir. Todo tipo de temores rebotaban en mi cerebro:

>¿Tendré ese mismo asegurador?
>¿Qué pasa si no puedo encontrar un punto de apoyo para los pies o para las manos?
>¿Voy a parecer un completo idiota allí arriba?
>¿Soy lo suficientemente fuerte para hacer esto?
>¿Entraré en pánico?
>¿Y si me caigo?
>¿Alguien vendrá a mi funeral?

Ya sabes, cosas importantes como esas.

Bueno, no tan valientemente, comencé a subir por el acantilado. Al principio no fue demasiado duro. Había muchos lugares a los que agarrarme con los pies y las manos. Estaba a mitad de camino del acantilado antes de darme cuenta.

«Oye, esto no está nada mal», me dije a mí mismo.

Últimas palabras alentadoras. De repente miré hacia arriba y no vi a dónde ir. Estaba atascado.

La gente empezó a gritar cosas alentadoras desde abajo, como: *¡Que no cunda el pánico! ¡Estás bien!*

Entonces, ¿por qué no me sentía bien? Mis piernas y brazos empezaban a temblar por la fatiga. Era todo lo que podía hacer para no gritar: «¡Eso es fácil para ti decirlo! ¡No te estás aferrando a la ladera de un acantilado a cinco o seis metros del suelo, estúpido!». Pero yo no dije eso. Después de todo, soy cristiano.

Hagas lo que hagas, ¡no mires hacia abajo! Esa fue otra pista útil.

—¿Por qué no? Me pregunté. —¿Está Igor el asegurador durmiente ahí abajo?

¡Estira la mano derecha! ¡Hay un lugar a unos sesenta centímetros por encima y a la derecha de tu cabeza! No puedes verlo, ¡pero está ahí!

Al reconocer la voz de mi jefe, me devané los sesos: «¿Le he dado alguna razón para odiarme últimamente?».

Al darme cuenta de que mis fuerzas se estaban agotando rápidamente mientras me aferraba a la cara del acantilado, decidí ir a por ello.

Fallé.

Exhausto y desanimado, comencé a tener una sensación realmente espeluznante. «Voy a caer. Esto es. ¡Nunca volveré a ver a mi esposa!».

Desesperado, grité: «¡Me caigo!». ¿Qué más *podía* decir?

Y entonces se acabó. Allí estaba yo, colgando en el aire frente al acantilado. Completamente seguro. Las cuerdas me habían sostenido.

De hecho, empecé a disfrutarlo allí arriba. ¡Qué alivio! No tuve que esforzarme y sudar tratando de escalar ese estúpido acantilado. Podía simplemente pasar el rato y relajarme. Eso duró unos diez segundos, hasta que mi jefe me dijo que volviera a la pared y terminara la subida.

Ah, sí, detalles menores. Pero finalmente lo logré. Después de una «caída» más y unos cinco o diez minutos más de agotadora escalada, me arrastré hasta la cresta del acantilado y me tumbé en la zona plana de la cima con una gloriosa victoria.

Antes de la escalada, sabía en mi cabeza que mi jefe era conocedor de lo que hacía cuando se trataba de escalada en roca. Sabía que las cuerdas eran lo suficientemente fuertes como para sostenerme. Pero todo eso había sido solo teoría hasta que me caí y las cuerdas me sujetaron. Después de eso pude afrontar la subida sin temor.

Me alegro de que hayamos pasado las últimas dos semanas en este devocional buscando ayudarte a superar la culpa y la vergüenza. Esas cosas nos alejan de Dios por temor a su ira, rechazo o castigo. Esperamos que estés progresando en acercarte más a él. Porque si tenemos temor de que Dios nos haga daño de alguna manera, o si desconfiamos de su presencia cariñosa y amorosa, ¿a dónde iremos cuando tengamos temor?

Las palabras del apóstol Juan realmente nos ayudan a saber que no debemos temer a Dios:

> «Y nosotros hemos llegado a saber y creer que Dios nos ama. Dios es amor. El que permanece en amor, en Dios permanece y Dios en él… En el amor no hay temor, sino que el amor perfecto echa fuera el temor. El que teme espera el castigo, así que no ha sido perfeccionado en el amor». (1 Juan 4:16, 18)

Cuando tenemos temor, necesitamos saber que podemos confiar en Dios. ¿Por qué podemos confiar en Dios? Porque él nos ama. Somos sus hijos, y el castigo que merecíamos cayó sobre Cristo y nunca caerá sobre nosotros. Juan también escribió:

> «¡Fíjense qué gran amor nos ha dado el Padre, que se nos llame hijos de Dios!». (1 Juan 3:1a)

De hecho, somos hijos de Dios sanos y salvos, sin importar cuán difíciles puedan ser las escaladas que enfrentemos en la vida. Dios conoce el camino. Él es el camino. Él es tu fuerza para la escalada. Y si por casualidad caes, las cuerdas firmes de su amor y fidelidad te sostendrán. El rey David escribió:

> «El Señor afirma los pasos del hombre cuando le agrada su modo de vivir; podrá tropezar, pero no caerá, porque el Señor lo sostiene de la mano». (Salmos 37:23-24)

Ahora, aquí es donde se vuelve realmente asombroso, porque el Señor en su gracia nos ha dado un arma MUY poderosa en nuestra lucha contra el temor. Recuerda: saber y creer que nuestro Dios todopoderoso, siempre cariñoso, infaliblemente amoroso y siempre presente está con nosotros nos da valor. Y la mejor manera de reconocer su presencia es la adoración.

La adoración es nuestra arma.

Cuando buscas a Dios en adoración y proclamas su fidelidad, amor y poder, ¡el temor huye! Escucha cómo el rey David comparte lo que aprendió en la vida. Realmente debería animarte:

> «Bendeciré al Señor en todo tiempo; lo alabarán siempre mis labios. Mi alma se gloría en el Señor; lo oirán los humildes y se alegrarán. Engrandezcan al Señor conmigo; exaltemos a una su nombre. Busqué al Señor y él me respondió; me libró de todos mis temores. Los que lo miran están radiantes; jamás su rostro se cubre de vergüenza». (Salmos 34:1-5)

CUARTA SEMANA: **DEL TEMOR A LA FE**

La adoración es un arma de guerra, y la batalla contra el temor es solo eso: una guerra. Pero a medida que buscamos al Señor y lo adoramos continuamente, él nos librará de *todos* nuestros temores. Y nuestros rostros resplandecientes contarán la historia.

_____

PIENSA Y PROCESA:

La adoración es una poderosa arma de guerra contra el temor.

RECUERDA ESTA VERDAD:

«En el amor no hay temor, sino que el amor perfecto echa fuera el temor». (1 Juan 4:18a)

PREGUNTAS PARA REFLEXIONAR:

A menudo, cuando nuestras mentes están ociosas, llegan los temores. ¿Cómo puedes incorporar más adoración a Dios en tu día? Pídele a Dios que te muestre formas creativas de adorar en lugar de preocuparte.

HABLA CON DIOS:

Querido Padre celestial, sé que, si realmente pudiera verte a ti y tu grandeza, todos mis temores se desvanecerían. Ya que verte físicamente no es posible, por favor abre mis ojos de fe para ser consciente de tu presencia muy real mientras adoro. Gracias porque siempre puedo confiar en ti y no hay necesidad de temer tu castigo, porque me amas. Yo soy tu hijo. Te buscaré y confiaré en ti para librarme de todos mis temores. Amén.

DÍA 24

ENTONCES, ¿QUÉ ES EL TEMOR DE DIOS?

Admito que a veces es muy difícil entender completamente nuestra mente en esta vida cristiana. De alguna manera, eso es de esperar, ya que Dios es mucho más alto que nosotros. No debería sorprendernos, supongo, si a veces nos quedamos rascándonos la cabeza.

En caso de que no lo hayas notado, el reino de Dios es bastante contradictorio. La manera de ser exaltado es humillarse a sí mismo. El camino a la verdadera fortaleza es a través de la debilidad. La forma de salvar tu vida es perderla. Y así sucesivamente. Hay y siempre habrá un fuerte elemento de paradoja, incluso de misterio, cuando se trata de Dios y de cómo nos relacionamos con él.

Este es uno de esos lugares.

Acabamos de deciros ayer que, como escribió Juan, «en el amor no hay temor», refiriéndose a nuestra relación con el Dios que nos ama. Hoy podría parecer que nos estamos contradiciendo totalmente al hablar del «temor de Dios» como algo sano y necesario.

Confía en mí. Realmente no estoy tratando de confundirte. Tal vez este sería un buen momento para orar.

> Amado Padre, te agradezco por tu amor, y porque soy tu hijo por tu asombrosa gracia. Ciertamente te entristeces cuando tus hijos están tan llenos de culpa, avergonzados o temerosos de ti que corren y se esconden en lugar de buscarte. De hecho, eres tan cálido y tierno que te deleitas por completo cuando vengo a ti. Me perturba un poco, entonces, cuando escucho que «el comienzo de la sabiduría es el temor del Señor». (Proverbios 9:10a). ¿Podrías darme a entender lo que significa temerte, y cómo ese temor es en realidad el temor que disipa todos los demás temores? Gracias. Amén.

Comencemos diciendo lo que es obvio, al menos obvio para cualquiera que tome la Biblia en serio. «El temor del Señor» es un tema tanto en el Antiguo como en el Nuevo Testamento. Proverbios 9:10, al que me referí en la oración anterior, es solo uno de los numerosos lugares en el Antiguo Testamento que hablan de este tema. Pero ¿qué hay del Nuevo Testamento? He aquí un ejemplo:

> «Así que, mis queridos hermanos, como han obedecido siempre —no solo en mi presencia, sino mucho más ahora en mi ausencia—, lleven a cabo su salvación con temor y temblor, pues Dios es quien produce en ustedes tanto el querer como el hacer para que se cumpla su buena voluntad».
> (Filipenses 2:12-13)

El Dios del universo está activo y se ocupa personalmente en moldear nuestros corazones y moverse en nuestras vidas. Eso debería hacernos reflexionar sobre nuestra responsabilidad de cooperar con él y no resistirnos. No es algo trivial interponerse en su camino.

Y, en caso de que pienses que la escritura anterior es un incidente aislado o «sacado de contexto», 1 Pedro 1:17 refuerza el concepto del temor del Señor:

> «Ya que invocan como Padre al que juzga con imparcialidad las obras de cada uno, vivan con temor reverente mientras sean peregrinos en este mundo».

El apóstol deja claro que debe haber un elemento de temor e inquietud en nuestras vidas mientras esperamos estar delante del trono de Dios, donde nuestras obras serán juzgadas imparcialmente por Dios. En realidad, ese es un temor muy saludable. Pedro continúa reforzando su argumento en los versículos que siguen, recordándole al lector que Dios ha hecho una inversión casi increíble en nosotros, sacándonos de la esclavitud de nuestra antigua forma de vivir a través de la sangre derramada de Cristo. Y esa sangre es mucho más preciosa que toda la plata y el oro del mundo. Dios claramente espera que vivamos por su fuerza, este alto llamado que tenemos.

Aquí hay un recordatorio importante: Dios no nos va a juzgar por nuestros pecados. Ya lo hizo en Cristo en la cruz. Jesús sufrió y murió para pagar por todos nuestros pecados. Él nunca volverá a mencionar esas cosas con nosotros. Lo que él hará es evaluar la calidad de nuestras obras (1 Corintios 3:10-15 enseña esto), y ese juicio venidero tiene la intención de motivarnos a hacer lo que le agrada, en su fuerza y para su gloria.

Bien, espero que entiendas el mensaje. Temer a Dios es algo que debemos hacer. Entonces, ¿qué es exactamente el temor de Dios? ¿Y cómo nos ayuda el temer a Dios a vencer todos los demás temores? Tal vez algunos recuerdos personales ayuden en este punto.

Mis padres nunca abusaron de mí. Pero sí me disciplinaron con amor y firmeza. Me hicieron saber quién estaba a cargo cuando me salí de la fila. Si le hablaba mal a mi mamá o desobedecía a mi papá, sabía que algo no tan divertido iba a suceder. Tal vez me enviarían a mi habitación o me azotarían o (lo peor de todo) me prohibirían comer postre o ver la televisión.

También creía, cuando era niño, que mi papá me protegería y golpearía a cualquiera que intentara lastimarme. Si tenía temor de los ladrones, me consolaba mucho ver cómo la imponente figura de mi padre cerraba todas las puertas y apagaba las luces con confianza. Era fuerte. Su voz era poderosa. Era invencible, en mi opinión.

Debido a estas cosas, sentía un gran respeto, admiración y un temor saludable hacia mis padres. . . especialmente mi papá. Pero no le tenía temor. Sabía que me amaba porque jugaba al béisbol conmigo y me compraba cosas, me recogía y frotaba su cara de bigotes contra mis suaves mejillas cuando llegaba a casa del trabajo. Y siempre olía a colonia «Old Spice». Eso, para mí, era el olor de un hombre con el que podías contar.

Recuerdo una noche en que tuvimos una gran tormenta eléctrica. Un rayo cayó sobre nuestra casa y prendió fuego a la lámpara de noche que estaba junto a mi cama. Estaba aterrorizado y grité: «¡Fuego! ¡Fuego!». Necesité un vaso de agua para apagar el fuego, pero no había forma de que me quedara solo en mi cama esa noche. Así que salté a la cama entre mi mamá y mi papá y supe que estaba a salvo. Después de todo, estaba al lado de mi papá, ¡y él era invencible!

¿Te haces una idea? ¿Puedes ver cómo el solo hecho de entender el amor de Dios, sin ver cuán infinitamente poderoso, majestuoso y fuerte es él, no te ayudaría completamente a vencer el temor?

Nuestro Dios puede hacer cualquier cosa. Nada es demasiado difícil para él (Jeremías 32:17). Lee las palabras a continuación y asómbrate de su poder, y recibe la seguridad de que (a diferencia de mi padre) Él realmente ES invencible. Abraza el misterio, la paradoja de un Dios que nos ama profunda y tiernamente, pero que también es tan majestuoso y poderoso que, si lo viéramos, temblaríamos de temor.

> «¡Cuánto te amo, Señor, fuerza mía! El Señor es mi roca, mi amparo, mi libertador; es mi Dios, la roca en que me refugio. Es mi escudo, el poder que me salva, ¡mi más alto escondite! Invoco al

Señor, que es digno de alabanza, y quedo a salvo
de mis enemigos». (Salmos 18:1-3)

Temer a Dios es tener temor de él. Significa temblar ante su poder y grandeza y, sin embargo, correr hacia él cuando tienes temor, encontrando que él es un santuario, un lugar de seguridad y protección (ver Isaías 8:11-14). No hay duda al respecto. Dios, quien habló para que todo el universo existiera y un día lo destruirá y creará nuevos cielos y tierra (2 Pedro 3:10-13), es digno de nuestra más profunda reverencia, asombro y temor, porque él nos compró y está obrando en nosotros por su buena voluntad y propósitos. Esa comprensión debería hacernos vivir nuestras vidas en obediencia, sin mancha y sin defecto (2 Pedro 3:14). El temor del Señor es odiar el mal y apartarse de él (Proverbios 8:13; 16:6), porque Dios lo odia y un día lo borrará todo.

Pero ese profundo respeto por su poder y santidad también nos envuelve como un cálido consuelo en una noche fría, asegurándonos que ningún enemigo nuestro, visible o invisible, es rival para él. Termino con el «preámbulo» del poderoso Salmo 91. Deberías leerlo todo, pero aquí están los primeros cuatro versículos. El salmo es como un antibiótico contra la «enfermedad» del temor malsano:

«El que habita al abrigo del Altísimo descansará
a la sombra del Todopoderoso. Yo digo al Señor:
"Tú eres mi refugio, mi fortaleza, el Dios en quien
confío". Solo él puede librarte de las trampas del
cazador y de mortíferas plagas, pues te cubrirá
con sus plumas y bajo sus alas hallarás refugio.
Su verdad será tu escudo y tu baluarte».

El temor del Señor es el principio de la sabiduría y el temor que destruye todos los demás temores.

PIENSA Y PROCESA:

El sano temor de Dios borra todos los demás temores malsanos.

RECUERDA ESTA VERDAD:

«Invoco al Señor, que es digno de alabanza, y quedo a salvo de mis enemigos». (Salmos 18:3)

PREGUNTAS PARA REFLEXIONAR:

Piensa en lo poderoso que es Dios. Haz una lista de cosas que nadie más que Él puede hacer. ¿De qué manera ese conocimiento no solo te hace temblar ante su poder, sino que también te da gran seguridad de que él, en su amor, te protegerá de todos los peligros?

HABLA CON DIOS:

Querido Padre todopoderoso, qué cosa tan increíble es saber que realmente eres un padre que puede hacer cualquier cosa y triunfar sobre cualquiera, y que no hay nada en este mundo que pueda ver o no pueda ver que sea comparable contigo. Vengo corriendo hacia ti, temblando ante tu imponente majestad y santidad, pero riendo de alegría también porque sé que tus brazos amorosos están abiertos de par en par para mí. Renuncio a todos los temores, excepto al sano temor de ti. ¡Jesús, tú eres el vencedor, y en ti yo también lo soy! Amén.

DÍA 25

UN GOLPE MORTAL A LA MUERTE

A la hora de la verdad, nuestros temores se reducen básicamente a un par de cosas: nuestra severa aversión al dolor y al sufrimiento y nuestro terror a lo desconocido, a las cosas que están fuera de nuestro control y más allá de nuestra comprensión. Muchos temores entran en esta categoría, incluyendo el temor a una enfermedad grave, el temor a ser víctima de un crimen, el temor a la pérdida de seres queridos, incluso el temor a la muerte misma.

Básicamente, a los humanos nos gusta sentirnos seguros, cómodos y «en control». Si percibimos algo como una amenaza para nuestra seguridad, comodidad y capacidad de ejercer control, experimentamos algún nivel de temor, desde una vaga inquietud hasta un terror y pánico abyectos.

¿Recuerdas lo que tratamos a principios de esta semana que cuando tenemos temor, estamos viendo algo o a alguien como si fuera a la vez *presente* y *poderoso*? Es decir, se percibe que aquello a lo que tememos está cerca (o acercándose) y que posee la capacidad de hacernos daño. En otras palabras, nos sentimos vulnerables.

Aquí hay una pregunta muy interesante. ¿Qué crees que le sucede al temor si solo uno de esos dos «atributos» del objeto de temor, ya sea su *presencia* o su *poder*, se elimina?

Tomemos como ejemplo el temor a la muerte. ¿Es la muerte un objeto legítimo de temor? Es decir, ¿debemos temer a la muerte? Ahora, para ser perfectamente honesto, si alguien no tiene al Hijo de Dios y la vida eterna que él trae (ver 1 Juan 5:11-13), entonces el temor a la muerte sería un ¡temor *muy* legítimo!

Pero ¿es el «temor a la muerte» un temor *legítimo* para un verdadero seguidor de Cristo? Fíjate que no pregunté: «¿Es el temor a la muerte un temor *real* para un verdadero seguidor de Cristo?». No hay duda de que muchos creyentes en Jesús tienen mucho temor a la muerte. Se podría decir que están muertos de temor a la muerte. La pregunta, dicho de otra manera, es: «¿Hay alguna razón por la cual un cristiano *deba tener* temor a morir?

La respuesta, que probablemente conozcas intuitivamente, es *No*. ¿Por qué no? ¿No es la muerte una presencia muy real? ¿No es la muerte realmente poderosa?

Observemos de cerca estos dos atributos de la muerte: su *presencia* y su *poder*. En primer lugar, su presencia. No importa lo sano que creas que estás, la muerte puede llegar en casi cualquier momento. Un accidente de tráfico. Un ataque al corazón. Un derrame cerebral, etc.

Cuando cumplí cincuenta años, siendo una especie de golfista, me pareció interesante tratar de averiguar en qué parte del «campo de golf de la vida» me encontraba, estadísticamente hablando. Resulta que estaba en el hoyo doce o trece. Pero mientras reflexionaba sobre esa realidad estadística, se me ocurrió que podría estar en el *green* del hoyo dieciocho del golf y no saberlo. Eso es cierto para todos nosotros. A menos que Jesús regrese primero, todos vamos a morir, y ninguno de nosotros sabe exactamente cuándo sucederá eso. Hebreos 9:27 dice:

> «Así como está establecido que los seres humanos mueran una sola vez y después venga el juicio, ...».

Ahí lo tienes. La realidad de la muerte está siempre presente para nosotros. A pesar de todas las vitaminas que tomamos, los ejercicios que hacemos, la cirugía estética a la que nos sometemos para tratar de engañarnos a nosotros mismos y a los demás, para que pensemos que somos más jóvenes de lo que somos, todos vamos a morir tarde o temprano. Noticias emocionantes, ¿verdad?

El punto es que, si estamos tratando de eliminar uno de esos dos atributos de la muerte, ya sea su *presencia* o su *poder*, tratar de eliminar su «presencia» es un callejón sin salida.

Pero ¿qué pasa con su *poder*? Ah, aquí es donde entra la gracia. Deleita tus ojos en los siguientes pasajes de las escrituras y ve qué conclusiones puedes sacar con respecto al poder de la muerte sobre un verdadero seguidor de Cristo:

> «"La muerte ha sido devorada por la victoria". "¿Dónde está, oh muerte, tu victoria? ¿Dónde está, oh muerte, tu aguijón?". El aguijón de la muerte es el pecado y el poder del pecado es la Ley. ¡Pero gracias a Dios que nos da la victoria por medio de nuestro Señor Jesucristo!». (1 Corintios 15:54-57)

> «Entonces Jesús dijo: —Yo soy la resurrección y la vida. El que cree en mí vivirá, aunque muera; y todo el que vive y cree en mí no morirá jamás. ¿Crees esto?». (Juan 11:25-26)

> «Por tanto, ya que ellos son de carne y hueso, él también compartió esa naturaleza humana para anular, mediante la muerte, al que tiene el dominio de la muerte —es decir, al diablo—, y librar a todos los que por temor a la muerte estaban sometidos a esclavitud durante toda la vida». (Hebreos 2:14-15)

Así, según la Biblia, ¿qué ha sucedido con el *poder* de la muerte sobre los seguidores de Cristo? Así es; ya no existe, en el sentido de su capacidad de dañar. Su victoria le ha sido arrebatada. No gana. No tiene la última palabra. La vida lo hace. Jesús, que es la resurrección y la vida, tiene la última palabra, no el diablo. Y así, la muerte física simplemente se convierte en una puerta de entrada para el seguidor de Cristo a la vida eterna, un lugar mucho mejor que este.

El apóstol Pablo escribió:

> «Porque para mí el vivir es Cristo y el morir es ganancia. Ahora bien, si seguir viviendo en este cuerpo representa para mí un trabajo fructífero, ¿qué escogeré? ¡No lo sé! Me siento presionado por dos posibilidades: deseo partir y estar con Cristo, que es muchísimo mejor». (Filipenses 1:21-23)

¿Has captado esas palabras: «morir es *ganancia*» y «deseo partir y estar con Cristo, que es muchísimo mejor»?

Para el verdadero creyente en Jesús, no hay nada que temer de la muerte. Va a ser increíble en el otro lado. Y aunque no sabemos completamente cómo será el cielo, va a ser mucho mejor que este lugar. ¡Eso puedo decirte!

Aun así, podrías quejarte de que, aunque el destino de la muerte va a ser tremendo, el viaje para llegar allí podría ser muy desagradable. Es cierto. Pero ¿debemos dejarnos controlar por el «temor a morir»? ¿Es eso algo de lo que deberíamos preocuparnos, dejar que nos robe la alegría? Por supuesto que no. De hecho, Filipenses 4:6 nos dice que no nos preocupemos por nada, sino que seamos agradecidos y oremos por todo. Si lo hacemos, la paz de Dios, y no nuestra ansiedad, reinará en nuestros corazones y mentes.

Un principio que realmente ayuda a lidiar con los temores es el conocimiento de que preocuparse por lo que podría suceder antes de tiempo es absolutamente inútil. No hay gracia dada por Dios en respuesta a nuestras preocupaciones sobre el futuro. Pero sí nos promete gracia para los tiempos difíciles que experimentamos en el presente. Pablo descubrió esto y compartió con nosotros lo que había aprendido para que podamos experimentar la fe en la gracia de Dios prometida en lugar de temer el posible dolor de la vida:

> «Para evitar que me volviera presumido por estas sublimes revelaciones, una espina me fue clavada en el cuerpo, es decir, un mensajero de Satanás, para que me atormentara. Tres veces rogué al Señor que me la quitara; pero él me dijo: "Te basta con mi gracia, pues mi poder se perfecciona en la debilidad". Por lo tanto, gustosamente presumiré más bien de mis debilidades, para que permanezca sobre mí el poder de Cristo. Por eso me regocijo en debilidades, insultos, privaciones, persecuciones y dificultades que sufro por Cristo; porque, cuando soy débil, entonces soy fuerte». (2 Corintios 12:7-10)

En Cristo no hay que temer a la muerte, porque Jesús es la resurrección y la vida, y nosotros estamos en él y él está en nosotros. Y tampoco hay que temer morir, porque lo que hay al otro lado es glorioso, y el camino para llegar allí seguramente estará pavimentado con gracia.

PIENSA Y PROCESA:

La gracia de Dios es suficiente para llevarnos a través de cualquier situación que la vida nos depare.

RECUERDA ESTA VERDAD:

«Porque para mí el vivir es Cristo, y el morir es ganancia». (Filipenses 1:21)

PREGUNTAS PARA REFLEXIONAR:

El temor a la muerte puede ser una especie de paraguas bajo el cual se esconden un montón de otros temores, como el temor a las alturas; temor a los espacios cerrados; temor a la oscuridad; temor a varios animales; temor a enfermarse; temor a ser víctima de la delincuencia, etcétera. ¿De qué manera el saber que Cristo es la resurrección y la vida, y que su gracia es suficiente para ti, te otorga gracia para vencer tu temor?

HABLA CON DIOS:

Querido Padre, tú sabes si hay temores que acechan en los lugares sombríos de mi alma. Y tú sabes por qué están ahí. ¿Podrías, por favor, abrir mis ojos a estas cosas para que pueda renunciar a todos los temores ocultos y ver crecer mi fe en ti? Te doy gracias porque tu paz, que va mucho más allá de lo que puedo entender, protegerá mi corazón y mi mente de los ataques de temor y ansiedad que pueden parecer tan abrumadores. Tu paz es más fuerte que la ansiedad. La fe en ti es más grande que cualquier temor. Hoy elijo no creer más que lo que siento y temo es supremo. Cristo es supremo. Destrono todos mis temores y coloco al Señor Jesucristo en el lugar que le pertenece en mi vida. . ., en el trono. Y gracias, Señor, porque es un maravilloso trono de gracia al que puedo acercarme en cualquier momento del día o de la noche cuando necesite tu ayuda, y tú me darás la bienvenida allí.
Amén.

DÍA 26

ROMPIENDO LOS DIENTES DEL TEMOR

Acababa de terminar de dar una conferencia de fin de semana sobre la libertad en una iglesia en Illinois, y disfrutaba del resplandor de la adoración, la discusión y las historias de cómo las vidas habían sido tocadas y cambiadas durante esos dos días. Nunca deja de sorprenderme cómo, incluso en un evento que solo se extiende por unas veinticuatro horas, el Señor Jesús trae avances que cambian el curso de la vida. Sin embargo, supongo que no debería sorprenderme. Él mismo dijo: «Así que, si el Hijo los libera, serán ustedes verdaderamente libres». (Juan 8:36).

Me doy cuenta de que no todo el mundo se libera de la esclavitud de forma rápida. Incluso aquellos que experimentan el poder de Cristo para liberar a las personas durante ese fin de semana, probablemente ya han estado en la mesa de operaciones de Dios durante bastante tiempo. Nunca sabemos cuándo llegará el avance y, a veces, tenemos el privilegio de estar allí cuando sucede.

Después de esta conferencia en particular, el tema de discusión giró hacia la superación del temor. Los trastornos de ansiedad son el problema de salud mental número uno en Estados Unidos, y no me sorprendería que también estén en la parte superior de la lista de otras naciones occidentales. A partir de la vivacidad de nuestra discusión ese día, era obvio que el temor era un gran problema para los creyentes de este grupo.

En un momento dado, una mujer que aparentaba tener unos cuarenta años habló.

«He tenido mucho temor a la oscuridad desde que tengo memoria», comenzó. «Pero nunca había entendido por qué, hasta este fin de semana».

«Cada vez que conduzco a casa por la noche, salgo de mi auto y corro lo más rápido que puedo hacia la puerta principal. Estoy muerta de temor hasta que puedo entrar o encender una luz».

Es muy razonable que alguien se sienta un poco incómodo cuando está solo en un lugar oscuro por la noche. Obviamente, esto sería especialmente cierto para una mujer. Pero la respuesta emocional de esta dama fue claramente extrema, mucho más allá de una sana cautela.

«El Señor me trajo a la mente un recuerdo en el que no había pensado durante mucho tiempo. Cuando tenía cuatro años, mis amigas y yo fuimos a pedir dulces en la noche de Halloween. Mientras caminábamos de puerta en puerta, había un hombre que nos seguía en las sombras. Nos asustamos mucho; tanto que, al final, se lo dijimos a alguien y llamaron a la policía».

«Ahora que lo pienso, desde entonces me ha aterrorizado la oscuridad».

Una vez que esta mujer identificó la fuente de su temor, renunció al temor, declarando que Dios no le había dado un espíritu de temor, sino de poder, amor y dominio propio (véase 2 Timoteo 1:7). Se daba cuenta de que su temor se había roto; sus dientes habían sido destrozados, y ella estaba llena de alegría. Todos oramos para que Cristo se volviera aún más real para ella como su protector y que su fe en Dios creciera en aquellos lugares donde el crecimiento se había atrofiado por el control del temor.

¿Y tú?

¿Tienes temor de las cosas con las que otros no luchan particularmente? ¿A veces te preguntas por qué el temor ha sido un actor importante en tu vida durante tanto tiempo? ¿Es posible que tu temor se remonte a algo que sucedió cuando eras joven?

Por extraño que parezca, un temor negativo y controlador puede parecer un «lugar seguro» para nosotros. Confiamos en que este temor malsano nos proteja, manteniéndonos alejados de situaciones en las que estamos convencidos de que sufriremos daño. El problema es que, en realidad, se trata de un muy mal negocio. Los temores malsanos, ciertamente, nos encasillan y roban la alegría de experimentar las nuevas aventuras de la vida, mientras prometen protección. Y, lamentablemente, a veces estamos dispuestos a aceptar la asfixia de nuestras vidas para obtener lo que se siente como (pero no es) seguridad.

Cuando algo se apodera de nosotros e influye negativamente en nuestra personalidad durante un período prolongado de tiempo, lo llamamos una «fortaleza». El temor malsano que nos controla y en el que hemos llegado a confiar para que nos defienda es una fortaleza. Esta es una manera fácil de recordar lo que es una «fortaleza»: una fortaleza es algo que tiene un *fuerte control* en ti.

Las fortalezas pueden formarse lentamente con el tiempo, debido al tipo de entorno en el que crecemos, o pueden desarrollarse rápidamente, debido a un trauma grave. El comienzo del temor de esta dama a la oscuridad comenzó con un evento traumático, y eso probablemente se reforzó durante su vida a medida que su mente se programaba cada vez más para pensar con temor. Fue necesario conocer la verdad de que Jesús era más grande que su temor para romper su fuerte dominio sobre ella.

El temor es como una serpiente que constriñe. Un pitón primero muerde a su víctima, lo que le permite sostenerse, y luego envuelve sus espirales alrededor de su presa, asfixiándola. El temor puede hacer lo mismo con nosotros, dependiendo de cuánto sucumbamos a su presión. De alguna manera se apodera de nosotros (como en el caso del aterrador acosador de esa niña de cuatro años en la noche de Halloween), y luego gradualmente aprieta su control, buscando extender su influencia robadora de la fe a más y más áreas de nuestras vidas. Podemos llegar a tener temor al abandono, al rechazo, al fracaso, a probar cosas nuevas, a la confrontación, a las personas (hablaremos de eso durante los próximos dos días), a Satanás, a la vida, a la muerte y a todo lo demás.

Si el temor tiene un fuerte control sobre ti, es posible que desees considerar tomar el libro *Dejar ir el temor* que el Dr. Neil Anderson y yo escribimos. Trata este tema extensamente.

Por ahora, ¿por qué no preguntarle a Dios cómo la «serpiente» del temor te «mordió» por primera vez? Ve a un lugar tranquilo donde puedas anotar las cosas que te vengan a la mente mientras oras.

Por ejemplo, ¿le tienes temor a Satanás? Muchos cristianos lo tienen. Pídele al Señor que te muestre si hubo una película, o alguna música, o una imagen, o un libro, o un juego o práctica de ocultismo, o algún incidente que hayas encontrado que haya engendrado ese temor. A veces, una presencia oscura y premonitoria puede entrar en nuestra habitación por la noche y asustarnos cuando somos niños.

Es importante tener en cuenta que, aunque nuestro adversario, el diablo, merodea como un león rugiente (1 Pedro 5:8), en ninguna parte de la Biblia nos dice que tengamos temor de Satanás. De hecho, al «someterte a Dios» y «resistir al diablo», él huye de ti (Santiago 4:7). ¿Por qué? ¡Porque Jesús derrotó a Satanás en la cruz, y Cristo está en ti y tú estás en él! Jesús vino a destruir las obras del diablo (1 Juan 3:8), incluyendo las de tu vida. El diablo sabe que ha sido desarmado y derrotado por Jesús, pero, antes de darse por vencido, espera hasta que nos mantenemos firmes y ejercemos nuestra autoridad en Cristo.

Descubrir la causa raíz de tu temor al diablo (o a cualquier otra cosa) te permitirá romper los dientes del temor y soltar su control sobre tu vida. Y Dios es muy capaz y ciertamente está muy dispuesto a mostrarte cualquier causa raíz.

¿Quieres saber algo de veras poderoso? Jesús dijo que conocer la verdad te haría libre (Juan 8:32). Es posible que recuerdes eso de un devocional anterior. Si conocer la verdad te hace libre (y

Jesús dijo que lo hace), entonces, ¿qué nos mantiene atrapados, esclavizados al temor? Creer mentiras. Escuchemos la sabiduría del apóstol Pablo en estas palabras:

> «Por lo tanto, hermanos, tomando en cuenta la misericordia de Dios, ruego que cada uno de ustedes, en adoración espiritual, ofrezca su cuerpo como sacrificio vivo, santo y agradable a Dios. No se amolden al mundo actual, sino sean transformados mediante la renovación de su mente. Así podrán comprobar cómo es la voluntad de Dios: buena, agradable y perfecta». (Romanos 12:1-2)

Nos conformamos a este mundo cuando creemos en sus mentiras. La clave para una vida transformada es una mente renovada por la verdad. Así que aquí está el remate de romper los dientes del temor: cada temor malsano y controlador en nuestra vida está ahí porque estamos creyendo una o más mentiras. Identifica la(s) mentira(s), elige la verdad en su lugar, y los dientes de ese temor se harán añicos.

Debido a que las mentiras que hemos creído durante mucho tiempo pueden «parecerse» a la verdad, te recomendamos de todo corazón que encuentres un hermano o hermana en Cristo que sea maduro y conozca bien la palabra de Dios, que se siente contigo mientras pasas por el siguiente proceso. Él o ella puede orar por ti, ayudarte a mantener en el camino correcto e identificar las mentiras que tal vez no reconozcas como mentiras.

Este es el proceso simple:

- Pídele a Dios que te muestre los temores malsanos que te han estado controlando. Escríbelos a medida que te vengan a la mente. Renuncia a esos temores uno por uno, sabiendo que Dios no te ha dado un espíritu de temor, sino de poder, amor y dominio propio (véase 2 Timoteo 1:7).

- Pídele al Señor que te muestre la(s) razón(es) por

la(s) que el temor está ahí. Debes estar preparado para confesar cualquier comportamiento pecaminoso o imprudente de tu parte, agradeciéndole por su perdón (1 Juan 1:9).

- Pídele al Señor que te muestre cualquier mentira que hayas creído que sea el resultado de tu temor o que ayude a «alimentar» ese temor incluso ahora. Renuncia a esas mentiras una por una.

- Pídele al Señor que te muestre la verdad bíblica en la que puedas seguir pensando (y así renovar tu mente) para que tu vida pueda ser transformada por la fe y no sea asfixiada por el temor.

¿Necesitas un último estímulo para superar tus temores? ¿Te preguntas si eres lo suficientemente fuerte? Aquí hay otra inyección de «adrenalina espiritual» de nuestro amigo Pablo:

«Sin embargo, en todo esto somos más que vencedores por medio de aquel que nos amó. Pues estoy convencido de que ni la muerte ni la vida, ni los ángeles ni los demonios, ni lo presente ni lo por venir, ni los poderes, ni lo alto ni lo profundo, ni cosa alguna en toda la creación podrá apartarnos del amor que Dios nos ha manifestado en Cristo Jesús nuestro Señor». (Romanos 8:37-39)

CUARTA SEMANA: DEL TEMOR A LA FE

PIENSA Y PROCESA:

Conocer la verdad nos hace libres. Creer mentiras nos mantiene en esclavitud.

RECUERDA ESTA VERDAD:

«Pues Dios no nos ha dado un espíritu de timidez, sino de poder, de amor y de dominio propio» (2 Timoteo 1:7)

PREGUNTAS PARA REFLEXIONAR:

¿Cuáles son las mentiras en las que estás creyendo, que alimentan tu temor y su poder sobre ti? ¿Qué verdad de Dios te hará libre?

HABLA CON DIOS:

Querido Padre fiel, concédeme la gracia de enfrentar mis temores; el discernimiento para descubrir las mentiras que hay detrás; la humildad de confesar cualquier comportamiento incorrecto por mi parte que haya resultado en o de mis temores; la fe para renunciar a esos temores; la sabiduría de conocer la verdad que me hace libre; y el coraje de caminar en la verdad desde este momento en adelante. Amén.

DÍA 27

LA LÍNEA INVISIBLE

Es normal que los maridos quieran complacer a sus esposas. Eso es algo noble, pero a veces bastante desafiante. Piensa en las preguntas que más temen los hombres que les hagan sus esposas.

>¿Parezco gorda?
>¿Crees que es más guapa que yo?
>¿Qué harías si yo muriera?

Cada pregunta representa un campo minado relacional si se responde incorrectamente.

Por ejemplo, se recomienda que los hombres no respondan a la temida pregunta *«¿Parezco gorda?»* de las siguientes maneras: —*«¿Comparado con qué?»*, *«Un poco de peso extra te queda bien»*, o *"Las he visto más gordas"*.

¿Qué tal la pregunta número dos? Estas son algunas respuestas que debes evitar: —*«No tan guapa como tú para tu edad»*. *«Sí, pero tú tienes mejor personalidad»*. *«Define guapa»*.

La tercera pregunta es un absoluto fracaso para el tipo. He aquí un posible diálogo derivado de ella

> MUJER: ¿Qué harías si yo muriera?
>
> HOMBRE: No sé.
>
> MUJER: ¿Te volverías a casar?
>
> HOMBRE: Definitivamente no.
>
> MUJER: ¿Por qué no? ¿No te gusta estar casado?
>
> HOMBRE (empezando a sudar): Por supuesto que me gusta estar casado.
>
> MUJER: Entonces, ¿por qué no te casarías de nuevo?
>
> HOMBRE: (aliviado un poco) Está bien, me casaré.
>
> MUJER: (con una expresión de dolor en su rostro) ¿Lo harías?
>
> HOMBRE: (sintiéndose acorralado) Mmm, ¿podríamos cambiar de tema?

(Esto proviene de una fuente en línea que desde entonces ha sido eliminada).

Un viejo adagio dice que «no puedes complacer a todas las personas todo el tiempo». Palabras verdaderas. De hecho, si intentas hacer eso, te volverás loco.

Lo curioso, sin embargo, es que hay bastantes cristianos que viven como si creyeran que un creyente verdaderamente maduro en Cristo es «alguien que conoce la Biblia muy bien y es amable con todos».

¿De dónde surgió esa idea? Si lees alguno de los cuatro evangelios, seguramente no tendrás la impresión de que Jesús era «amable» con todos, si por «amable» te refieres a decir lo que la gente quiere escuchar y hacer felices a todos. La mayoría de las veces, se tiene la idea de que a Jesús solo le importaba decir lo que la gente necesitaba escuchar y, en el proceso, a menudo, los hacía muy infelices.

¿Recuerdas esta historia?

> «Cuando Jesús estaba ya para irse, un hombre llegó corriendo y se arrodilló delante de él. —Maestro bueno —le preguntó—, ¿qué debo hacer para heredar la vida eterna? —¿Por qué me llamas bueno? —respondió Jesús—. Nadie es bueno sino solo Dios. Ya sabes los mandamientos: "No mates, no cometas adulterio, no robes, no presentes falso testimonio, no defraudes, honra a tu padre y a tu madre". —Maestro —dijo el hombre—, todo eso lo he cumplido desde que era joven. Jesús lo miró con amor y añadió: —Una sola cosa te falta: anda, vende todo lo que tienes y dáselo a los pobres, y tendrás tesoro en el cielo. Luego ven y sígueme. Al oír esto, el hombre se desanimó y se fue triste porque tenía muchas riquezas». (Marcos 10:17-22)

Está claro que Jesús no estaba en el negocio de agradar a la gente. Él no le tenía temor al hombre, ni su objetivo final era agradar a la gente. Muchos de nosotros, si hubiéramos estado en las sandalias de Jesús, nos habríamos sentido culpables por causarle tristeza y dolor al hombre. Teniendo dudas sobre lo que dijimos, habríamos corrido detrás del hombre, disculpándonos por cómo lo hicimos sentir, reformulando nuestras palabras para suavizar el golpe. Jesús nunca hizo eso. Él sabía que él era el único responsable de decir la verdad en amor. Nunca asumió la responsabilidad personal de las reacciones de la gente a lo que dijo.

Las personas complacientes a menudo se sienten muy responsables de las emociones de los demás. Están motivados y se sienten obligados a asegurarse de que los demás sean felices. La mentira que los complacientes han llegado a creer (aunque no se den cuenta) es que su felicidad depende de la aprobación de otras personas. ¿Puedes ver cómo eso no es libertad en absoluto, sino que de hecho es esclavitud?

Cuando temes al hombre, no eres libre de expresar completamente tus opiniones o sentimientos. Te preocupa más cómo reaccionará la gente. Los complacientes tienden a ser buenos lectores. Han aprendido a medir intuitivamente los probables resultados de riesgo/recompensa de abrir la boca. ¿Pensarán mal de mí? ¿Me rechazarán? ¿Te decepciono? ¿No confías tanto en mí? ¿Perderé mi trabajo? ¿Perderé a un amigo? Muy a menudo terminan quedándose callados.

Realmente creo que hay algún tipo de línea invisible que Dios quiere que todos crucemos, y que lleguemos a temer a Dios más que a las personas. En ese lugar, estamos dispuestos y somos capaces de ser honestos, personas reales en lugar de conformarnos a la imagen que imaginamos que nos hará sentir cómodos y a salvo de la controversia y aceptables para nuestros amigos.

Ser valiente y libre de controlar el temor es el tema de esta semana. No encontrarás un hombre más valiente en toda la historia que Jesús. Jesús estaba totalmente seguro de quién era, de cuál era su misión, del éxito garantizado de su misión y de su destino final. No temía al hombre en lo más mínimo. Proverbios 29:25 dice:

> «Temer a los hombres resulta una trampa, pero el que confía en el Señor sale bien librado».

El apóstol Pablo, en algún momento de su vida y ministerio, cruzó esa línea invisible hacia una fe intrépida, incluso confrontando al apóstol Pedro en público por su hipocresía. Pablo escribió:

> «Entonces, ¿busco ganarme la aprobación humana o la de Dios? ¿Piensan que procuro agradar a los demás? Si yo buscara agradar a otros, no sería siervo de Cristo». (Gálatas 1:10)

La gracia de Dios nos capacita para llegar a ser cada vez más

CUARTA SEMANA: DEL TEMOR A LA FE

como Jesús, y eso incluye ser valientes como él, sin el estorbo del temor del hombre. Mañana nos centraremos más en el proceso de escapar de la trampa del temor al hombre, pero por hoy ha sido bueno mirar el ejemplo de nuestro Señor.

Los primeros discípulos estuvieron alrededor de Jesús el tiempo suficiente y fueron llenos del Espíritu Santo con poder suficiente como para cruzar esa línea también. Pedro y Juan predicaron el evangelio sin temor a los líderes judíos hostiles. Después de su arresto, así es como el escritor bíblico Lucas resumió la reacción de los líderes hacia los dos prisioneros:

> «Los gobernantes, al ver la osadía con que hablaban Pedro y Juan, y al darse cuenta de que eran gente sin estudios ni preparación, quedaron asombrados y reconocieron que habían estado con Jesús».
> (Hechos 4:13)

Me resulta difícil imaginar un cumplido más alto.

PIENSA Y PROCESA:

Nuestra felicidad no depende de la aprobación de otras personas.

RECUERDA ESTA VERDAD:

«Temer a los hombres resulta una trampa, pero el que confía en el Señor sale bien librado». (Proverbios 29:25)

PREGUNTAS PARA REFLEXIONAR:

¿Hay personas en tu vida cuya aprobación temes perder? Pídele al Señor que te muestre por qué esas relaciones tienen tanto control sobre ti.

HABLA CON DIOS:

Amado Padre celestial, una cosa que es realmente obvia en la vida de tu Hijo es que él hizo lo correcto y dijo lo que tenía que decirse, sin temor, sin importar con quién estuviera. Finalmente lo mataron, lo cual no es realmente alentador. Supongo que, en última instancia, estar libre del temor al hombre viene inmediatamente después de estar libre del temor a la muerte, ¿no es así? Gracias, porque estás en el proceso de hacerme como Jesús. Lo que eso implicará en última instancia aún está por verse, pero, por lo que veo en la Biblia que sus seguidores pasaron entonces, así como lo que muchos de ellos en varias partes del mundo pasan ahora, hay un precio para vivir por encima del temor al hombre. No me voy a preocupar por eso, porque sé que tu gracia es suficiente para cualquier situación por la que me llames a pasar. Por favor, hazme valiente, Señor. Hazme como Jesús. No importa lo que cueste, no importa lo que suceda, eso es lo que quiero más que cualquier otra cosa. De alguna manera, siento que esa determinación se pondrá a prueba en algún momento del camino. Confío en tu gracia para permitirme verdaderamente cruzar esa línea invisible... y quedarme allí. Amén.

DÍA 28

DIOS TE CUBRE LAS ESPALDAS

Jesús podía ser muy contundente a veces. Vino con la intención de ser valiente y no temer a los hombres. Pero solo fue contundente cuando se requirió franqueza. Esta fue una de esas veces.

Él estaba preparando a sus doce discípulos para su primer viaje misionero sin él. Había muchas instrucciones útiles de Jesús con respecto a qué llevar y dónde quedarse, así como las cosas emocionantes que les esperaban en términos de ministerio. Jesús tampoco escatimó palabras para advertirles acerca de las pruebas que enfrentarían. Jesús les hizo saber en términos inequívocos que los tiempos difíciles por los que él pasó, ellos también los experimentarían.

Fue casi como las últimas palabras de un general militar probado en batalla antes de enviar a sus tropas a una misión crucial. Estoy seguro de que los hombres estaban aferrados a cada palabra de Jesús, asustados en algún nivel y en otro nivel, ansiosos por enfrentar con valentía lo que les esperaba.

No, no todo sería diversión y juegos. Había riesgo. Había peligro.

Pero en sus momentos de mayor peligro, podían contar con el Espíritu del Padre para que les diera las palabras correctas para decir.

Cuando el Señor les advirtió acerca de la persecución que experimentarían, Jesús pudo leer el temor en sus ojos. Y por eso sus palabras fueron contundentes:

> «Así que no les tengan temor, porque no hay nada encubierto que no llegue a revelarse, como tampoco hay nada escondido que no llegue a conocerse. Lo que digo en la oscuridad, díganlo ustedes a plena luz; lo que se susurra al oído, proclámenlo desde las azoteas. No teman a los que matan el cuerpo, pero no pueden matar el alma. Teman más bien al que puede destruir alma y cuerpo en el infierno». (Mateo 10:26-28)

Ahora, tengo que ser perfectamente honesto contigo. A primera vista, no estoy seguro de cuán animado me habría sentido si hubiera sido uno de los doce discípulos.

En primer lugar, no me habría emocionado demasiado que me recordaran que las personas a las que iba a ministrar podrían decidir devolver mi bondad matándome.

En segundo lugar, *ciertamente*, no me emocionaría que se me recordara que el Dios a quien estaba a punto de servir podía hacer cosas mucho peores: podía arrojarme a las llamas del infierno si así lo deseaba.

Si alguna vez has leído estos versículos en Mateo antes, probablemente fuiste como yo. Te apresuraste sobre ellos y trataste de disipar el desasosiego que causaban. Pero echémosles un vistazo más de cerca y veamos cómo Jesús realmente los usó para animar los corazones de sus discípulos, y cómo quiere usarlos para proporcionarnos la gracia de no temer a las personas.

Lo primero que tenemos que observar es que el punto principal que Jesús estaba haciendo era instruir a los discípulos a no tener temor de lo que el hombre puede hacer. Eso es muy relevante para todos nosotros, incluso si no vivimos en un lugar donde es arriesgado compartir nuestra fe. A lo largo de la Biblia está claro que Dios quiere liberarnos del temor del hombre. Echa un vistazo al Salmo 56:1-4:

> «Ten piedad de mí, oh Dios, pues hay gente que me persigue. Todo el día me atacan mis opresores, todo el día me persiguen mis enemigos; son muchos los arrogantes que me atacan. Cuando siento temor, pongo en ti mi confianza. Confío en Dios y alabo su palabra; confío en Dios y no siento temor. ¿Qué puede hacerme un simple mortal?».

La última pregunta que hace el rey David en este pasaje puede parecerte un poco extraña. Quiero decir, los términos que emplea en esos cuatro versículos, como «perseguido», «atacado todo el día», «opresores» y «arrogantes que me atacan». Es obvio que los hombres podían hacerle muchas cosas a David, y de hecho le hicieron. Incluso podrían haberlo matado. Se dio cuenta de eso.

Pero fíjate en el punto de David: no iba a dejar que el temor a lo que la gente pudiera hacer lo controlara, porque sabía que Dios tenía el control. Así que decidió poner su confianza en el Señor y en su palabra. Sabía que Dios lo respaldaba, y si por alguna razón el Señor permitía que sufriera daño o incluso la muerte, aún confiaría en Dios y no tendría temor.

Verás, estar libre del temor del hombre no garantiza que no pueda sucederte nada malo a manos de los hombres. Simplemente significa que estás eligiendo poner tu confianza en el Señor para que cuide de ti, y no vas a vivir tu vida controlada por el temor de las personas, sino por la fe en Dios.

Ese es realmente el punto que Jesús estaba diciendo. En esencia, él estaba diciendo: «Claro, los hombres pueden matarte, pero no pueden hacer *realmente* nada para tocar tu corazón o tu alma. Así que no tengas temor de las personas y de lo que puedan hacerle a tu cuerpo físico. Confía en Dios. Esta tienda terrenal va a morir y se convertirá de nuevo en polvo, de todos modos. El verdadero tú está a salvo».

Pongamos lo que Jesús dijo en el contexto de nuestro antídoto contra el temor, que es eliminar uno de los dos atributos del objeto de temor, su *presencia* o su *poder*. Jesús no trata de eliminar la presencia de las personas. Después de todo, como la sal de la tierra y la luz del mundo (Mateo 5:13-16), estamos llamados a un mundo de personas para llevarles las buenas nuevas. De todos modos, para eso los estaba preparando Jesús en Mateo 10: para involucrar a la humanidad, no para esconderse de ella.

De modo que Jesús estaba tratando de eliminar el *poder* del temor del hombre desde los corazones y las mentes de sus discípulos al poner lo peor que el hombre puede hacer en su contexto adecuado. *Sí, pueden matar tu cuerpo. ¿Y qué? Tu alma, tu verdadero yo, sigue vivo*.

Entonces, usted podría estar preguntando, ¿qué hay de esa parte en Mateo 10 acerca de temer a aquel que puede destruir tu cuerpo y alma en el infierno? ¿De qué se trataba?

En primer lugar, Jesús conocía a sus discípulos. Sabía que Dios los había escogido como sus seguidores, y que llevarían las buenas nuevas al mundo y un día se unirían a él en el cielo. Así que Jesús no los estaba amenazando con el infierno (con la posible excepción de Judas Iscariote; es posible que esta advertencia estuviera destinada a él, porque Jesús sabía que era un falso discípulo). Jesús, conociendo a los suyos, claramente no estaba amenazando a los otros once con la perspectiva de ir al infierno.

Entonces, ¿qué estaba haciendo Jesús? Creo que él simplemente estaba señalando que el temor de Dios triunfa sobre el temor del hombre. Dios tiene mucho más poder que los hombres, así que, si temes a las personas y no a Dios, lo tienes al revés.

Además, Jesús ciertamente podría haber estado enfatizando la importancia casi insondable de su misión. Iban a traer buenas noticias a personas que estaban en peligro de ir al infierno sin Cristo. Por lo tanto, la perspectiva apropiada para los discípulos sería no preocuparse por sí mismos (ya que lo peor que les podría suceder sería morir físicamente), sino preocuparse por aquellos a quienes les estaban llevando el evangelio (porque lo que les podía suceder era mucho peor).

Finalmente, en caso de que aún no estés convencido del corazón amoroso y misericordioso de Jesús hacia sus discípulos, echa un vistazo a las palabras de Jesús en Mateo 10:29-31, las que él dijo inmediatamente después del pasaje que acabamos de ver:

> «¿No se venden dos gorriones por una monedita? Sin embargo, ni uno de ellos caerá a tierra sin que lo permita el Padre. Él les tiene contados aun los cabellos de la cabeza. Así que no tengan temor, ustedes valen más que muchos gorriones».

Jesús se lo dijo a sus discípulos, y te lo dice a ti y a mí tres veces en muy poco tiempo: No temáis. Nuestro Padre nos ama y cuidará de nosotros. ¿No es hora de decir finalmente «no» al temor a las personas que te ha impedido ser tú mismo? Créeme, sienta muy bien ser real, ser tú mismo. ¿Y tú quién eres? Eres un precioso y amado hijo de Dios, llamado a ser el embajador de Cristo. Al igual que los primeros discípulos, Jesús quiere utilizarte para llevar las buenas nuevas a aquellos que están en grave peligro sin ellas. ¿Confiarás en que Dios cuidará de ti?

> «Y a ustedes, ¿quién les va a hacer daño si se esfuerzan por hacer el bien? ¡Dichosos si sufren por causa de la justicia! "No teman lo que ellos temen ni se dejen asustar". Más bien, honren en su corazón a Cristo como Señor. Estén siempre preparados para responder a todo el que pida razón de la esperanza que hay en ustedes. Pero háganlo con gentileza y respeto». (1 Pedro 3:13-15)

PIENSA Y PROCESA:

Cuando dejas de temer a la gente, finalmente eres libre de ser verdaderamente tú mismo.

RECUERDA ESTA VERDAD:

«Y a ustedes, ¿quién les va a hacer daño si se esfuerzan por hacer el bien?». (1 Pedro 3:13)

PREGUNTAS PARA REFLEXIONAR:

¿Quiénes son las personas en tu mundo que necesitan oír hablar de Jesús? ¿De qué manera el temor al hombre te impide decírselo? ¿De qué manera las palabras de Jesús en Mateo 10:26-28 podrían ayudar a motivarte para acercarte a ellos?

HABLA CON DIOS:

Querido Padre celestial, no tengo temor de ir al infierno si no hablo a la gente acerca de ti. Tu gracia me ha salvado porque he puesto mi fe solo en Jesús. Pero estoy muy preocupado por mis seres queridos y amigos que no te conocen. Están en peligro real. No me molestaré en excusarme por las veces que en el pasado me he contenido de hablar de ti con valentía por temor. Agradezco tu perdón completo y limpieza de esos pecados de temer al hombre más que a ti. ¿Podría empezar de nuevo hoy?, no por mi determinación sino por tu gracia. Por favor, empodérame con el mismo Espíritu Santo que dio audacia a los primeros discípulos te pido coraje para hablar cuando lo necesite, callarme cuando deba, y levantarme cuando haya oposición a tu nombre, tus caminos y tu palabra. Después de todo, ¿qué me puede hacer la gente? Tú me cubres las espaldas. Gracias, Señor. Amén.

QUINTA SEMANA

EL PODER DE LA HUMILDAD

DÍA 29

LA GRACIA FLUYE CUESTA ABAJO

Alguien ha dicho que la humildad es la única cualidad del carácter que en el momento en que crees que la tienes, la has perdido. Bueno, eso puede ser cierto para nosotros, simples mortales, pero ciertamente no fue el caso para el Señor Jesús. Fíjate en cómo se describió a sí mismo en una de sus invitaciones más famosas:

> «Vengan a mí todos ustedes que están cansados y agobiados; yo les daré descanso. Carguen con mi yugo y aprendan de mí, pues yo soy apacible y humilde de corazón, y encontrarán descanso para sus almas. Porque mi yugo es suave y mi carga es liviana». (Mateo 11:28-30)

Hablaremos más a fondo sobre esta invitación la próxima semana, pero por ahora quiero que te concentres en las dos palabras que Jesús usó para describir su carácter. Hasta donde yo sé, este es el único lugar en los evangelios donde Jesús usó adjetivos para decirnos cómo es él. Todas las otras veces usó metáforas como

«Yo soy el pan de vida» (Juan 6:35), o «Yo soy el buen pastor» (Juan 10:11), o «Yo soy la vid verdadera» (Juan 15:1).

Pero aquí, Jesús salió directamente y se describió a sí mismo como «gentil» y «humilde». ¡Increíble! De todas las palabras que nuestro Señor pudo haber usado, escogió estas dos. Tuvo la oportunidad de decir: «Porque yo soy Dios el todopoderoso, santo y perfecto, omnisciente y eterno», y eso habría sido completamente cierto. Pero en lugar de eso, se describió a sí mismo como *apacible* y *humilde*. Y en verdad lo era, y lo es.

¿Qué imagen te viene a la mente cuando escuchas a Jesús describirse a sí mismo como «humilde»? ¿Le hace parecer *apacible o débil*? ¿Esta humildad te repele o te atrae? ¿Hace parecer a Jesús *muy vulnerable e incapaz o, tal vez, incluso reacio a protegerse o defenderse a sí mismo*?

¿Te gustaría que la gente te considerara humilde? Si fuera cierto en tu caso, ¿te identificarías, como Jesús, fácilmente como humilde?

En esta quinta semana, vamos a centrar nuestra atención en el problema del orgullo y la necesidad de la humildad. Veremos qué es la humildad. Discutiremos si el orgullo es siempre una cualidad negativa. Examinaremos lo que sucede cuando gobierna el orgullo. Y descubriremos lo que resulta cuando reina la humildad.

Ya sea humillándose ante Dios o ante otras personas, la gracia de Dios está conectada con la humildad. Dos pasajes del Nuevo Testamento vienen inmediatamente a la mente:

> «Pero él nos da más gracia. Por eso dice la Escritura: "Dios se opone a los orgullosos, pero da gracia a los humildes". Así que sométanse a Dios. Resistan al diablo y él huirá de ustedes». (Santiago 4:6-7)

> «Así mismo, jóvenes, sométanse a los líderes. Revístanse todos de humildad en su trato mutuo, porque: "Dios se opone a los orgullosos, pero da gracia a los humildes". Humíllense, pues, bajo la

poderosa mano de Dios para que él los exalte a su debido tiempo. Depositen en él toda ansiedad, porque él cuida de ustedes. Practiquen el dominio propio y manténganse alerta. Su enemigo el diablo ronda como león rugiente, buscando a quién devorar. Resístanlo, manteniéndose firmes en la fe, sabiendo que los creyentes en todo el mundo soportan la misma clase de sufrimientos».
(1 Pedro 5:5-9)

Está claro que hay que evitar el orgullo, a menos que te guste que Dios mismo se oponga a ti. Y la verdadera humildad hay que buscarla. El orgullo significa exaltarte a ti mismo por encima de los demás, y la humildad significa exaltar a Dios y a los demás por encima de ti mismo. Así que podrías decirlo de esta manera:

> El orgullo es una montaña;
>
> La humildad es un valle.
>
> La gracia es como el agua;
>
> Fluye hasta el lugar más bajo.

Al comenzar nuestro viaje a estas tierras del valle, si queremos saber qué es realmente la humildad, debemos comenzar con Jesús, ya que él se describió a sí mismo como humilde. Y él no fue engañado ni engreído cuando dijo eso.

Hay un par de versículos en el Evangelio de Juan que nos ayudarán a comprender lo que

es la humildad y cómo se manifestó en la vida de Jesús. En Juan 5:19, Jesús explicó cómo él

vivió para que los que querían matarlo pudieran entender:

> «Entonces Jesús afirmó: —Les aseguro que el Hijo no puede hacer nada por su propia cuenta, sino solamente lo que ve que su Padre hace, porque cualquier cosa que hace el Padre, la hace también el Hijo».

Y más adelante en ese mismo capítulo, Jesús dijo (versículo 30):

> «Yo no puedo hacer nada por mi propia cuenta; juzgo solo según lo que oigo y mi juicio es justo, pues no busco hacer mi propia voluntad, sino cumplir la voluntad del que me envió».

Humildad, por lo tanto, no debe confundirse con pasividad. La pasividad es no hacer nada. La humildad es no hacer nada por tu propia iniciativa, sino buscar, rendirte y obedecer la voluntad Dios el Padre.

Con esta comprensión de la humildad, puedes ver por qué Dios se opondría a los soberbios, pero daría gracia (favor) a los humildes. Dios siempre va a estar en contra de aquellos que están en contra de su voluntad. ¿Cómo podría hacerlo de otra manera? Por el contrario, está claro que Dios siempre apoyará, alentará y empoderará, en otras palabras, dará gracia a aquellos que están alineados con su voluntad y propósito.

Veamos otra visión de la humildad de Jesús en Filipenses 2:3-8:

> «No hagan nada por egoísmo o vanidad; más bien, con humildad consideren a los demás como superiores a ustedes mismos. Cada uno debe velar no solo por sus propios intereses, sino también por los intereses de los demás. La actitud de ustedes debe ser como la de Cristo Jesús, quien, siendo por naturaleza Dios, no consideró el ser igual a Dios como algo a qué aferrarse. Por el contrario, se rebajó voluntariamente, tomando la naturaleza[b] de siervo y haciéndose semejante a los seres humanos. Y al manifestarse como hombre, se humilló a sí mismo y se hizo obediente hasta la muerte, ¡y muerte de cruz!».

La humildad se evidencia por el profundo deseo de asegurarse de que los demás sean atendidos, sin preocuparse por si se nota o se le recompensa. En su forma más pura, la humildad es la voluntad de servir a los demás con amor por su bien, incluso hasta la pérdida de la reputación o la vida. El ejemplo supremo de esto fue Jesús mismo. Voluntariamente dejó el cielo y su gloria para vivir como un hombre limitado por el tiempo y el espacio en este planeta, y para entregarse totalmente a la voluntad del Padre. Incluso permitió que las personas que él creó lo rechazaran y lo crucificaran, para que pudiéramos ser rescatados de nuestra oscuridad.

Creo que está más allá de nuestra capacidad de entender el rebajamiento de sí mismo que Jesús demostró, y, sin embargo, sorprendentemente, se nos dice que tengamos esa misma actitud nosotros. Si alguna vez hemos necesitado la gracia de Dios, es aquí, porque el desarrollo de la humildad no está diseñado por la voluntad del hombre, sino por obra de Dios.

La sociedad dice que hay que «buscar el número uno». En realidad, ese es un muy buen consejo, ¡siempre y cuando recuerdes quién es realmente el Número Uno! Y, por cierto, cuando te preocupas por los intereses de Dios y de los demás en lugar de por los tuyos propios, descubres que Dios cuida de ti bastante bien cuando todo está dicho y hecho. Aquí está el resto de la historia de la humildad de Jesús, que se encuentra en Filipenses 2:9-11:

> «Por eso Dios lo exaltó hasta lo sumo y le otorgó el nombre que está sobre todo nombre, para que ante el nombre de Jesús se doble toda rodilla en el cielo y en la tierra y debajo de la tierra, y toda lengua confiese que Jesucristo es el Señor, para gloria de Dios Padre».

PIENSA Y PROCESA:

Jesús es gentil y humilde de corazón.

RECUERDA ESTA VERDAD:

«La actitud de ustedes debe ser como la de Cristo Jesús». (Filipenses 2:5)

PREGUNTAS PARA REFLEXIONAR:

En una escala de 1 a 10, ¿dónde cae la cualidad de la "humildad" en tu lista de deseos de calidad de carácter personal? ¿Por qué? ¿Cómo de importante crees que es la humildad para Dios?

HABLA CON DIOS:

Amado Padre, siento que tú estás cavando más profundamente en mi corazón a medida que avanzo en este devocional. Lidiar con la culpa fue importante al mirar las cosas que he hecho. Necesitaba conocer tu perdón y limpieza. Luego vino la vergüenza y el temor, donde echamos un vistazo más profundo a los pensamientos y motivaciones de mi corazón. Estoy muy agradecido por la nueva identidad que me estás revelando y el coraje que estás construyendo en mí. Pero de alguna manera, el tema del orgullo llega a un nivel central aún más profundo, porque significa que quieres acceder a áreas donde estoy en gran parte ciego, cosas que tú ves, pero a menudo yo no puedo. Gracias porque eres apacible y humilde de corazón. Confío en que el «excavador» de tu Espíritu trabajará cuidadosa y minuciosamente a medida que me vuelvo más como tu Hijo. Por favor, ten paciencia con mis mecanismos de defensa que ofrecen resistencia, y no te detengas hasta que los lugares altos sean demolidos y convertidos en amplios valles a través de los cuales tu gracia pueda fluir libremente. Amén.

DÍA 30

¿ES EL ORGULLO ALGO BUENO?

La pregunta que plantea el título de hoy es interesante, como verás en un minuto. En términos generales, la respuesta es «no». Cuando se usa en la Biblia la palabra «orgullo», la mayoría de las veces se refiere a algo que es malo. Representa nuestros intentos humanos de vivir independientemente de Dios, pensando que lo tenemos todo bajo control y que no necesitamos la ayuda de nadie. El resultado es el egocentrismo, que es lo opuesto al amor. Puede convertirse en una actitud arrogante, crítica o incluso cruel de superioridad hacia los demás, llevándose todo el crédito por el bien que se nos presenta y negándose a aceptar cualquier culpa. Y Dios se opone mucho a ello. El rey Salomón advirtió sobre el orgullo cuando escribió:

> «Tras el orgullo viene la destrucción; tras la altanería, el fracaso». (Proverbios 16:18)

No se equivoquen al respecto, este tipo de orgullo es malo y, dado que Jesús se describió a sí mismo como «humilde», ser orgulloso es ser diferente a Cristo, incluso anticristo.

Antes de que pasemos el resto de la semana enfrentando el tema del orgullo destructivo y haciendo sonar un llamado de atención a la humildad, quiero aclarar algo. Hay algo en la vida que en el lenguaje común a menudo se llama «orgullo» que en realidad es una cualidad positiva. Es decir, hay momentos en los que es bueno y apropiado tener un sentido de alegría y satisfacción personal por algo o alguien.

Las Escrituras indican que está bien tener satisfacción personal en lo que has logrado. Eso es lo que dice Gálatas 6:2-5:

> «Ayúdense unos a otros a llevar sus cargas y así cumplirán la ley de Cristo. Si alguien cree ser algo, cuando en realidad no es nada, se engaña a sí mismo. Cada cual examine su propia conducta; y si tiene algo de qué presumir, que no se compare con nadie. Que cada uno cargue con su propia responsabilidad».

Hay muchas cosas buenas en estos cuatro versículos.

En primer lugar, debemos ayudar con entusiasmo a los demás cuando estén agobiados por las cargas aplastantes de la vida. Esto es amor y una expresión de la buena voluntad de Cristo para con nosotros.

En segundo lugar, es fácil tener un concepto demasiado alto de nosotros mismos. Si vamos por ahí jactándonos de lo grande que somos cuando, de hecho, no hemos hecho nada que justifique ese tipo de jactancia, simplemente nos estamos engañando a nosotros mismos. Todos los demás verán que estamos llenos de aire caliente. Por lo general, somos los últimos en saberlo o darnos cuenta.

En tercer lugar, y este es nuestro punto principal aquí, si de hecho lo hacemos bien y nuestro trabajo es bueno, entonces es correcto sentir una sensación de satisfacción personal en lo que hemos hecho. Alguien podría decir: «Oye, ven a echar un vistazo al nuevo gabinete que estoy construyendo. Estoy muy orgulloso de ello». Lo que realmente quiere decir es que le trae mucha alegría y satisfacción.

Podría añadir que haría bien en recordar que es Dios quien nos da a cualquiera de nosotros la capacidad de hacer bien el trabajo; ese recordatorio nos ayuda a mantenernos humildes y nos protege del orgullo. La advertencia en esta escritura es que nuestra jactancia no debe ser «con respecto a otro». En este caso, no quiere decir: «¡Y yo soy mejor que tú porque tú no puedes hacer esto y yo puedo!» Eso sería orgullo. Tal actitud definitivamente sería pecaminosa y desagrada a Dios.

La Biblia nos advierte que no nos comparemos con los demás en absoluto. Va a llevar al orgullo o a la envidia, dependiendo de lo que midamos (o no midamos). Pablo, en 2 Corintios 10:12, desalentó este tipo de comportamiento:

> «No nos atrevemos a igualarnos ni a compararnos con algunos que tanto se recomiendan a sí mismos. Al medirse con su propia medida y compararse unos con otros, no saben lo que hacen».

La Biblia dice que es muy apropiado encontrar satisfacción personal y gozo en el desarrollo del carácter y logros de los demás. Al parecer, Pablo se jactó ante Tito de lo cálida y alentadora que era la gente de la iglesia de Corinto. Escuchemos las palabras de Pablo en 2 Corintios 7:13-14:

> «Todo esto nos reanima. Además del consuelo que hemos recibido, nos alegró muchísimo ver lo feliz que estaba Tito debido a que todos ustedes fortalecieron su espíritu. Ya le había dicho que me sentía orgulloso de ustedes y no me han hecho quedar mal. Al contrario, así como todo lo que dijimos es verdad, también resultaron ciertos los elogios que hice de ustedes delante de Tito».

Anteriormente, en esa misma carta, el apóstol escribió:

> «Les tengo mucha confianza y me siento muy orgulloso de ustedes. Estoy muy animado; en medio de todas nuestras aflicciones se desborda mi alegría». (2 Corintios 7:4)

Alguien podría decir en la lengua vernácula de hoy: «Ah, Pablo estaba realmente orgulloso de los corintios». Bueno, no exactamente. No los consideraba superiores a otras iglesias, ni tenía favoritos. Sin embargo, estaba genuinamente lleno de gozo por su progreso en la fe. También se tiene la fuerte sensación de que la iglesia tesalonicense era el «orgullo y el gozo» de Pablo, ya que se regocijaba por su crecimiento en fe, esperanza y amor (ver particularmente 1 Tesalonicenses 2:19-20). Sí, es normal y saludable encontrar gozo y satisfacción personal en los éxitos de aquellos a quienes amamos, especialmente en aquellos en cuyas vidas hemos invertido personalmente.

Cuando pienso en la vida de mis hijos, hubo muchos momentos de profunda satisfacción y alegría al verlos crecer: verlos tambalearse por la habitación, dando sus primeros pasos como niños pequeños. Ver el brillo en sus ojos y la emoción en sus rostros mientras se preparaban para comenzar el jardín de infancia. Verlos superar temores y aprender a andar en bicicleta. Gritar de alegría cuando hacían una buena marca en el campo de atletismo. De pie, con lágrimas en los ojos, mientras recibían sus diplomas de escuela secundaria. Estar allí cuando abrieron sus corazones a Jesús. Escucharles me muestra lo que el Señor les ha enseñado. Dejarlos en la universidad, sabiendo que estaban listos para el siguiente gran paso. La vida está llena de momentos de profunda alegría y satisfacción como este, y son buenos regalos de Dios.

Este no es realmente el punto principal de este devocional, pero se me ocurrió el pensamiento: *¿Alguna vez te has dado cuenta de que Dios el Padre estaba radiante de profunda satisfacción y gozo sobre ti cuando diste pasos de fe en tu vida?* Lo estaba y lo está. Tal vez necesitabas saberlo hoy.

Finalmente, hay otra manera en que se manifiesta este buen tipo de profunda satisfacción y gozo: es sano y santo jactarse en el Señor mismo. Jactarse en el Señor es correcto y bueno, y en realidad es una manera muy inteligente de protegerse del tipo incorrecto de jactancia orgullosa. Después de todo, si pasas todo tu tiempo pensando y diciéndoles a otras personas lo grande que es Dios, ¡no tendrás tiempo, ni deseo, para presumir de ti mismo!

Deberíamos, en cierto sentido, estar «orgullosos» (en lugar de avergonzarnos) de nuestro Señor, porque él es verdaderamente asombroso. Me encanta lo que Moisés escribió en Éxodo 15:11:

> «¿Quién, Señor, se te compara entre los dioses?
> ¿Quién se te compara en grandeza y santidad?
> Tú, Hacedor de maravillas, nos impresionas con tus portentos».

El tema de la jactancia aparece mucho en las cartas de Pablo a los Corintios, como ya hemos visto. Puesto que la jactancia parecía ser una parte tan importante de la vida en esa ciudad, el apóstol decidió enderezar a todos y los animó a la clase correcta de jactancia. Él escribió en 1 Corintios 1:26-31:

> «Hermanos, consideren su propio llamamiento: no muchos de ustedes son sabios, según criterios meramente humanos; tampoco son muchos los poderosos ni muchos los de noble cuna. Pero Dios escogió lo tonto del mundo para avergonzar a los sabios, y escogió lo débil del mundo para avergonzar a los poderosos. También escogió Dios lo más bajo y despreciado, y lo que no es nada, para anular lo que es, a fin de que en su presencia nadie pueda jactarse. Pero gracias a él ustedes están unidos en Cristo Jesús, a quien Dios ha hecho nuestra sabiduría, justificación, santificación y redención; para que, como está escrito: "Si alguien ha de gloriarse, que se gloríe en el Señor"».

La gente presume y muestra las cosas más locas, desde sus abdominales hasta sus equipos deportivos favoritos y recuerdos, su ropa nueva y sus viejas casas, hasta la saciedad. Pero si vamos a jactarnos y jactarnos de algo, ¿por qué no jactarnos y jactarnos de lo mejor: el Señor mismo? Terminaremos hoy con el sabio consejo de Jeremías:

> «Así dice el Señor: "Que no se gloríe el sabio de su sabiduría, ni el poderoso de su poder, ni el

rico de su riqueza. Si alguien ha de gloriarse, que se gloríe de conocerme y de comprender que yo soy el Señor, que actúo en la tierra con gran amor, derecho y justicia, pues es lo que a mí me agrada", afirma el Señor». (Jeremías 9:23-24)

PIENSA Y PROCESA:

Es normal y saludable tener grandes satisfacciones y alegrías e incluso jactarnos de los éxitos de aquellos a quienes amamos.

RECUERDA ESTA VERDAD:

«Si alguien ha de gloriarse, que se gloríe en el Señor».
(1 Corintios 1:31b)

PREGUNTAS PARA REFLEXIONAR:

Si alguien te conectara un micrófono y grabara tus palabras durante una semana, ¿qué revelaría esa grabación sobre qué o de quién te jactas? Hablamos de lo que es más importante para nosotros. ¿Qué o quién es más importante para ti? ¿Por qué?

HABLA CON DIOS:

Querido Padre, creo que debe ser parte de la naturaleza humana hablar e incluso jactarse de las cosas que son más importantes para nosotros. Es liberador saber que está bien para ti que yo sienta placer y satisfacción en un trabajo bien hecho. También tiene todo el sentido del mundo que sonrías cuando me alegro y satisfago personalmente por los éxitos de mis seres queridos, porque te deleitas en nuestros pasos de fe. Guárdame, por favor, del orgullo y de la tonta noción de que, de alguna manera, soy mejor que los demás por cualquier cosa que haya hecho. Todo lo que yo he logrado tú lo has hecho por mí (Isaías 26:12). Por lo tanto, quiero jactarme con todas mis fuerzas de lo que tú eres. ¡Quiero que el centro de atención esté en ti, a quien pertenece! Eres verdaderamente asombroso; si quiero jactarme de algo sobre mí mismo, que sea de haber recibido que se me ha dado el increíble privilegio de conocerte como el Dios de misericordia, rectitud y justicia. Amén.

DÍA 31

¿MI VOLUNTAD O TU VOLUNTAD?

Cada persona en el planeta Tierra, y especialmente cada hijo de Dios, es un actor en un drama cósmico, un participante en una guerra de los mundos. Es una guerra invisible, una batalla invisible que la mayoría de la gente desconoce en gran medida y, sin embargo, es de mucha mayor consecuencia que cualquiera que podamos ver presentada en las noticias de la noche. Es una guerra entre Dios y Satanás; el bien y el mal; el reino de la luz frente al dominio de las tinieblas.

A diferencia de otras guerras, el resultado de esta guerra no está en cuestión. Jesús gana. Satanás pierde. Fin de la historia.

Pero antes de empacar tu armadura y guardarla para siempre en el ático, debes darte cuenta de algo. Sí, la guerra está ganada, pero las batallas no han terminado. Aunque el final es seguro, aún no ha llegado. Hay batallas y escaramuzas muy importantes que se libran en todo el mundo todos los días. Las naciones, las razas de hombres, las universidades, las denominaciones, las iglesias, las familias y las vidas individuales aún penden de un hilo. ¿De qué lado terminarán?

Tú y yo somos soldados en esta batalla, nos guste o no. La cuestión no es si estaremos en la guerra. La pregunta es ¿qué lado elegiremos y qué tipo de impacto tendremos?

Ya que has llegado hasta aquí en este devocional, probablemente sea justo asumir que has elegido el reino de la luz. Si aún no has tomado esa decisión clara, no es demasiado tarde, pero yo no esperaría. Haber recibido treinta días de luz y aun así no haber respondido a Jesús, la luz del mundo, es muy peligroso. La oscuridad puede tener más control sobre ti de lo que crees. Pablo escribió en Efesios 5:6-10:

> «Que nadie los engañe con argumentaciones vanas, porque por esto viene el castigo de Dios sobre los que viven en la desobediencia. Así que no se hagan cómplices de ellos.

Porque ustedes antes eran oscuridad y ahora son luz en el Señor. Vivan como hijos de luz (el fruto de la luz consiste en toda bondad, justicia y verdad) y comprueben lo que agrada al Señor».

El título del devocional de hoy da una pista sobre el «lema» de estos dos reinos. El dominio de las tinieblas dice: «hágase mi voluntad». El reino de la luz dice (refiriéndose a Dios) «Hágase tu voluntad». La diferencia es profunda.

El portador de luz original, un arcángel llamado Lucifer, cometió un gran error. Un día debió de estar mirándose en un espejo y preguntando: «Espejito, espejito mágico, ¿quién es el más bello de todos?». La respuesta era Dios, pero esa no era la respuesta que quería escuchar Lucifer, quien luego se convirtió en Satanás, el príncipe de las tinieblas. Escuchemos su corazón de orgullo:

> «Decías en tu corazón: "Subiré hasta los cielos. ¡Levantaré mi trono por encima de las estrellas de Dios! Gobernaré desde el extremo norte, en el monte de la reunión. Subiré a la cresta de las más altas nubes, seré semejante al Altísimo"». (Isaías 14:13-14)

¡Hablando de orgullo! Por supuesto, Lucifer convertido en Satanás nunca vio cumplida su voluntad «egoísta», pero todavía está haciendo todo lo que puede para socavar el reino de la luz. Y está reclutando activamente a aquellos que vivirán según su credo de «Hágase mi voluntad».

Contrasta esta imagen con la del Señor Jesús en el huerto de Getsemaní mientras meditaba en ir a la cruz para llevar los pecados del mundo entero:

> «Se llevó a Pedro y a los dos hijos de Zebedeo y comenzó a sentirse triste y angustiado. "Es tal la angustia que me invade que me siento morir —dijo—. Quédense aquí y manténganse despiertos conmigo". Yendo un poco más allá, se postró rostro en tierra y oró: "Padre mío, si es posible, no me hagas beber este trago amargo. Pero no sea lo que yo quiero, sino lo que quieres tú". ... Por segunda vez se retiró y oró: "Padre mío, si no es posible evitar que yo beba este trago amargo, hágase tu voluntad". ... los dejó y se retiró a orar por tercera vez, diciendo lo mismo». (Mateo 26:37-39, 42, 44)

Mientras los discípulos dormían, Jesús gemía. Y aunque luchó con su decisión de ir a la cruz, al final se rindió y oró: «Hágase tu voluntad». Jesús bebió la copa, sufrió y murió. Y el resto es historia.

La humildad de Jesús vs. la soberbia de Satanás. El cordero inmolado contra el león rugiendo. El cordero gana, como lo hacen todos los que lo siguen con humildad. El león rugiente pierde, al igual que todos los que lo siguen con orgullo.

El problema con el orgullo es que es como el mal aliento. Es probable que seas el último en saber que lo tienes, y muy rara vez alguien te lo dirá. Pero mantén los oídos abiertos. Las personas pueden usar otras palabras para describirte, que son signos reveladores de que el orgullo, y no la humildad, está reinando en tu vida. Palabras como:

- Terco
- Impaciente
- Nunca escuchas
- Inflexible
- Controlador
- Establecido en tus formas
- Independiente

- Vano
- Divo/prima donna
- Autosuficiente
- Mimado
- Crítico
- Satírico
- Cruel

A veces llevamos estas etiquetas con, bueno, orgullo. Las consideramos cumplidos. No lo son. Otras veces las negamos, pensando que la gente, simplemente, no nos entiende. Y tal vez no lo haga. Pero Dios sí lo hace, y no es así como él quiere que seamos.

Contrasta esas descripciones con Colosenses 3:12-14:

> «Por lo tanto, como pueblo escogido de Dios, santo y amado, revístanse de afecto entrañable y de bondad, humildad, amabilidad y paciencia, de modo que se toleren unos a otros y se perdonen si alguno tiene queja contra otro. Así como el Señor los perdonó, perdonen también ustedes. Por encima de todo, vístanse de amor, que es el vínculo perfecto».

La gracia de Dios, su favor y su poder habilitador son dados a los humildes, dice Santiago 4:6. Y 1 Pedro 5:12 nos dice que nos mantengamos firmes en esa gracia. Cuando lo hacemos, reina la humildad, y la oscuridad se aleja mientras la luz brilla más intensamente. Y el reino de la luz gana otra batalla.

Cuando elegimos caminar con orgullo, la oscuridad se acerca. La oscuridad divide. Y la oscuridad devora.

«Mi voluntad» o «Tu voluntad». ¿Qué harás? ¿Cuál elegirás tú?

PIENSA Y PROCESA:

La luz brilla en la humildad. La oscuridad se alimenta del orgullo.

RECUERDA ESTA VERDAD:

«Pero no sea lo que yo quiero, sino lo que quieres tú». (Mateo 26:39b)

PREGUNTAS PARA REFLEXIONAR:

Rendir nuestra voluntad a Dios no es fácil para ninguno de nosotros. ¿A qué crees que se debe? ¿De qué manera el conocer a Dios como un Dios de gran gracia, amor, misericordia, poder y fidelidad ayuda a tomar la decisión de elegir la humildad y la rendición?

HABLA CON DIOS:

Querido Padre de la luz, no hay oscuridad en ti en absoluto. Tú sabes, mejor que yo, que gran parte de este mundo en el que vivo está envuelto en tinieblas. De hecho, el mundo entero está en el poder del maligno (1 Juan 5:19). Es fácil sentirse abrumado y superado en número. Pero gracias porque Jesús, la luz del mundo, ha triunfado, y las tinieblas no pudieron comprenderla ni apagarla (Juan 1:5). Por favor, recuérdame que estoy en el lado ganador cuando el mundo me hace sentir como un perdedor y me transmite el mensaje de que rendirse a ti es débil y cobarde, y que solo los fuertes y autosuficientes sobreviven. Renuncio a la orgullosa autosuficiencia y elijo la humildad y la dependencia de ti. Puedo esperar las recompensas y los elogios. Aquellos que eligen el orgullo pueden obtenerlos ahora, pero los perderán. Aquellos que eligen la humildad los tendrán un día, para siempre. Amén.

DÍA 32

FUERA DE CONTROL

Parece estar profundamente entretejido en el paño de la existencia humana tratar de ejercer control sobre las personas y las circunstancias, con el fin de lograr lo que creemos que será el mejor resultado. Sin embargo, los problemas ocurren cuando las ideas de un individuo o grupo sobre lo que se debe hacer para ejercer el control entran en conflicto con las de los demás. ¿No me crees? Solo trata de ser padre.

Recuerdo cuando nuestra hija mayor, Michelle, tenía once años. Quería perforarse las orejas; me opuse a que lo hiciera a su edad. En algún momento del camino había decidido que los trece años era la edad mínima aceptable para ese rito de iniciación. Ella no estaba contenta.

Uno de los elementos complicados de la crianza de los hijos es determinar qué es una «colina para morir» y qué no lo es. Esta no era una de ellas. Me di cuenta de que comenzaba a desarrollarse una distancia emocional entre Michelle y yo, y no quería eso.

A medida que se acercaba la Navidad de ese año, el Señor me llevó a un lado y dijo: «¡Capítulo y versículo!». Yo sabía lo que él estaba diciendo. Él me estaba desafiando a identificar en qué parte de su palabra había encontrado mi «regla de oro» (¡u oreja!).

de los trece años. Así que fui al salón de *piercings* de orejas local y programé una cita para Michelle. De repente me convertí en «papá del año» cuando abrió la tarjeta de Navidad que le di y descubrió dentro la notificación de su cita para el 26 de diciembre.

Nuestro hijo, Brian, tenía alrededor de trece años cuando mi desafío de «control» con él me golpeó en la cara. En ese momento, mi oficina ocupaba una sección de su habitación en la planta baja, por lo que pasaba mucho tiempo allí durante el día.

Me di cuenta de que las cosas empezaban a cambiar un poco con él cuando llegaba a casa de la escuela. Cuando yo estaba abajo trabajando, él subía las escaleras. Cuando me tomaba un descanso o tenía que hacer algo en el piso de arriba, él bajaba a su habitación. Este tipo de «baile» que estábamos haciendo continuó durante varios días hasta que se lo señalé a él.

«Brian, ¿qué está pasando?» —le pregunté, un poco perplejo y algo molesto.

«Simplemente no me gusta estar cerca de ti tanto como antes», respondió sin rodeos.

Uf. Qué patada en el estómago para mí como padre. Eso dolió. Pero necesitaba escucharlo.

Obviamente, Brian estaba creciendo y comenzaba a batir un poco sus alas de independencia. Totalmente normal, pero no por ello menos doloroso.

Pero ¿qué hacer al respecto? En mi dolor, pensé en una variedad de estrategias divertidas para convencer a Brian de que pasara tiempo conmigo. Seguramente podría mitigar esta situación y las cosas podrían volver a la normalidad.

Fue en ese momento cuando escuché al Dr. Neil Anderson compartir un artículo humorístico titulado *Los niños son perros, los adolescentes son gatos*. Me ofreció un sabio consejo: necesitaba darle a Brian (que se había convertido en un gato adolescente) algo de espacio y esperar a que se acercara a mí. Así que a regañadientes renuncié al control y lo solté. Estoy feliz de decir que funcionó.

Hoy queremos echar un vistazo más de cerca al área de «control». Pensar que tenemos el derecho o la capacidad de controlar lo que otros piensan, creen y hacen es insensato en el mejor de los casos y cruel, criminal y tiránico en el peor. Obviamente, estamos hablando de cómo nos relacionamos con otros adultos. Cuando se trata de bebés y niños pequeños, a menudo es necesario controlar lo que comen, a dónde van y lo que hacen, por su propia seguridad. No estamos hablando de eso.

En mis observaciones, el «control» es una moneda con dos caras. Por un lado, está el orgullo; el otro lado es el temor. El lado del orgullo dice: «Puedo hacer esto, y tengo el derecho de hacer esto, de controlar a esta persona o situación, porque sé lo que es mejor». Un padre que presiona a su hijo para que siga una carrera médica a pesar de que el corazón del niño está en la música sería un buen ejemplo. El lado del temor dice: «Necesito hacer esto, y debo controlar esta situación para que no sucedan cosas malas».

Hoy vamos a ver un ejemplo bíblico de alguien que trató de controlar una situación por orgullo. Está registrado en 2 Reyes 5.

Para preparar el escenario, al comienzo del capítulo se nos presenta a Naamán, el comandante del ejército sirio. Era un gran hombre que había ganado (con la ayuda de Dios) numerosas batallas. Sin embargo, tenía un problema. Era leproso.

En una de las incursiones sirias en Israel, habían capturado a una niña que se convirtió en la sirvienta de la esposa de Naamán. Ella le recomendó a Naamán que fuera a Israel y encontrara al profeta que pudiera sanarlo. Ese profeta era Eliseo. Entonces Naamán fue a buscar a Eliseo. Retomemos la historia en los versículos 9-12:

> «Así que Naamán, con sus caballos y sus carros, fue a la casa de Eliseo y se detuvo ante la puerta. Entonces Eliseo envió un mensajero a que le dijera: "Ve y zambúllete siete veces en el río Jordán; así tu piel sanará y quedarás limpio". Naamán se enfureció y se fue, quejándose: "¡Yo creí que el profeta saldría a recibirme personalmente para invocar el nombre del Señor su Dios, y que con un movimiento de la mano me

sanaría la piel de mi enfermedad! ¿Acaso los ríos de Damasco, el Abaná y el Farfar, no son mejores que toda el agua de Israel? ¿Acaso no podría zambullirme en ellos y quedar limpio?". Furioso, dio media vuelta y se marchó».

Naamán era un controlador. Y cuando los controladores no se salen con la suya, lanzan un ataque. Fíjate en el orgullo de Naamán. Primero, para asegurarse de que el profeta supiera lo importante que era, trajo caballos y carros, todo un séquito. Nótese, también, que hizo una visita no anunciada a la casa de Eliseo. Claramente, Naamán pensaba que él estaba por encima de la cortesía común y estaba acostumbrado a ser tratado con gran respeto y deferencia.

Naamán también tenía todo el asunto de la curación resuelto, o al menos creía que lo tenía. Tal vez investigó un poco en Google y descubrió cómo curar la lepra, así que pensó que lo sabía todo. De todos modos, esperaba que Eliseo saliera, agitara su mano sobre él y realizara algún tipo de magia por la mano del Señor. Pero se desanimó mucho cuando Eliseo no salió y en su lugar salió un mensajero. ¡He aquí una antigua historia de un caso grave de sentirse con derecho, si es que alguna vez hubo uno!

Luego, como si fuera un experto en curaciones, Naamán se indignó de que la «receta» fuera lavarse en el fangoso Jordán en lugar de en los ríos más claros de Siria. Las cosas no iban como Naamán quería. De alguna manera, se tiene la impresión de que Dios estaba interesado en hacer más por Naamán que simplemente traer sanidad física.

Afortunadamente, en el séquito de Naamán había algunos pensadores más preclaros. Retomaremos la historia en los versículos 13-14:

«Entonces sus criados se acercaron para aconsejarle: "Señor, si el profeta le hubiera mandado hacer algo complicado, ¿usted no le habría hecho caso? ¡Con más razón si lo único que le dice a usted es que se zambulla, y así quedará limpio!". Así que Naamán bajó al Jordán y se sumergió siete veces, según se lo había ordenado el hombre de Dios. ¡Entonces su piel se volvió como la de un niño y quedó limpio!».

Vemos un cambio definitivo en Naamán cuando regresa para agradecer a Eliseo, ¡aunque también vemos que los controladores no cambian completamente de la noche a la mañana! Naamán quiere darle un regalo a Eliseo, pero el profeta lo rechaza. No acepta la negativa de Eliseo, e insiste. Pero Eliseo se mantiene firme y Naamán, tal vez por primera vez en su vida, renuncia al control (versículos 15-16). Entonces Naamán le pregunta humildemente a Eliseo si puede llevarse algo de tierra de Israel con él, porque el Dios de Israel es ahora su Dios. La historia termina con una nota realmente dulce, ya que Naamán no solo ha experimentado la limpieza física y la curación, sino que su corazón orgulloso y controlador ha comenzado a transformarse y ablandarse.

Seamos realistas: todos tenemos una inclinación hacia el «control» enterrada en nuestra carne. Es un síntoma de orgullo y, a veces, de temor. Pero el Señor es capaz de liberarnos de esa inclinación pecaminosa tal como lo hizo con Naamán.

Hay una parte más de esta historia que no debemos perdernos: Cuando Naamán estaba lleno de sí mismo, buscando controlar la situación y se indignaba por no conseguirlo, no pudo interactuar con el hombre de Dios, el profeta. Pero después de humillarse, experimentó la gracia y la bendición de Dios y conoció al mismo Eliseo. Hay una moraleja en esta historia que oro para que no nos perdamos:

> Verdaderamente Dios se opone a los soberbios, pero da gracia a los humildes (Santiago 4:6).

PIENSA Y PROCESA:

El control es una moneda con dos caras: el orgullo y el temor.

RECUERDA ESTA VERDAD:

«Dios se opone a los orgullosos, pero da gracia a los humildes». (Santiago 4:6)

PREGUNTAS PARA REFLEXIONAR:

¿Cuáles son algunas de las formas en que tratas de controlar a las personas o las circunstancias? ¿Puedes ver cómo tu orgullo está involucrado en esto? ¿Y el temor?

HABLA CON DIOS:

Querido Padre celestial, es cierto que hay una veta de «control» que habita en mi carne, una parte de mí que no dobla ni doblará nunca su rodilla ante Jesús. Reconozco que está ahí, y que hay ciertas personas o circunstancias que parecen presionar los botones del código clave para acceder a esa parte impía de mí. Señor, por favor, permíteme ser consciente de estas faltas y desarrollar cada vez más la capacidad de elegir caminar por el Espíritu, renunciar al control y confiar en ti para resolver las cosas. Reconozco que tus caminos son infinitamente más altos que los míos y, por lo tanto, de antemano, me entrego voluntariamente a tu control. Curioso, puesto que aparte de Cristo no puedo hacer nada; cuando creo que tengo el control, en realidad no lo tengo en absoluto. De hecho, los momentos en los que creo que tengo todo bajo control son los momentos en los que estoy más fuera de control. Gracias porque mis tiempos están a salvo en tus manos. Amén.

DÍA 33

¿COOPERACIÓN O COMPETENCIA?

Mientras trabajo en la mesa de mi comedor, tengo una bonita vista a través de nuestra puerta trasera de vidrio, mirando hacia el oeste, hacia algunas de las Montañas Humeantes. Es una vista hermosa y pacífica, y una que Shirley, los niños y yo nunca tomamos por sentado.

Justo afuera de las puertas de vidrio, que cuelgan del voladizo del techo, hay otra vista mucho más cercana. Es una vista de un comedero de colibríes. Dado que el rojo es el color elegido por los colibríes, el comedero es básicamente rojo. El líquido dulce que llena el globo de vidrio es rojo. Las flores ficticias en las que los pájaros chocan sus picos hambrientos son rojas. También hay otras flores rojas pintadas en el comedero.

La vista más cercana no es tan pacífica, especialmente esta mañana. A veces ha habido dos y a veces tres colibríes compitiendo por los derechos de bebida en el comedero. Aunque hay cuatro «flores» de las que pueden beber y mucho líquido para todos, los pequeños entrometidos no están dispuestos a compartir. Todo va bien mientras solo uno de ellos está en el comedero, pero con dos o más las plumas comienzan a erizarse.

De hecho, en sus furiosos vuelos, lanzamientos, golpeándose y ahuyentándose unos a otros, terminan ignorando por completo la razón por la que vinieron al comedero en primer lugar: ¡para alimentarse!

En el continuo entre la cooperación y la competencia, están, sin ninguna duda, en el lado de la competencia.

Dado que este es un devocional sobre nuestra relación con Dios y con los demás en gracia, y dado que esta semana es sobre el orgullo y la humildad, probablemente puedas ver hacia dónde va esto.

Pero antes de dejar el mundo de los colibríes y pasar a cómo el orgullo y la humildad afectan a la Iglesia, hay algo más de interés sobre estos mini helicópteros emplumados. No solo son todos colibríes; todos son de la misma especie de colibrí. Y no hay nada particularmente llamativo en ellos. Esta especie es de color gris, monótono, de verdad. No me sorprendería lo más mínimo que algunos de ellos sean del mismo nido o al menos tengan un ancestro común reciente.

Bien, ahora tú *realmente* sabes hacia dónde va esto. Que así sea. Pero antes de que deseches este libro a un lado y tomes tu teléfono celular, veamos una escritura que tiene mucho que decir sobre el asunto de la cooperación versus la competencia. Se encuentra en Efesios 4:1-7:

> «Por eso yo, que estoy preso por la causa del Señor, les ruego que vivan de una manera digna del llamamiento que han recibido, siempre humildes y amables, pacientes, tolerantes unos con otros en amor. Esfuércense por mantener la unidad del Espíritu mediante el vínculo de la paz. Hay un solo cuerpo y un solo Espíritu, así como también fueron llamados a una sola esperanza; un solo Señor, una sola fe, un solo bautismo; un solo Dios y Padre de todos, que está sobre todos y por medio de todos y en todos. Pero a cada uno de nosotros se nos ha dado gracia en la medida en que Cristo ha repartido los dones».

Lo primero que salta a la vista cuando leo esta escritura es que tenemos mucho más en común con otros miembros del cuerpo de Cristo que diferencias. Los puntos en común son las cosas principales e importantes. Por lo tanto, las diferencias son menores. ¿Por qué, entonces, nos enfocamos tan a menudo en las diferencias y nos preocupamos por las cosas pequeñas?

El hecho de que los cristianos de diferentes preferencias eclesiásticas tengan tanto en común hace que el espíritu de competencia sea ridículo y desconcertante para los no creyentes. Esto se ilustra conmovedoramente con los colibríes. Todos se parecen y podrían ser hermanos y hermanas, ¡por el amor de Dios! Pude verlos cooperando juntos para defenderse de avispas, avispones u otros que tomarían su comida y tal vez los lastimarían, pero lo que tiene lugar en el comedero es una disputa familiar.

La segunda cosa importante que hay que notar en esta escritura es que la primera cualidad necesaria para la cooperación (unidad) en el cuerpo de Cristo es, ¿adivinen qué? Así es: la humildad. ¿Te has dado cuenta de la segunda cualidad? La dulzura. ¿No se describió Jesús a sí mismo como «manso y humilde de corazón» (Mateo 11:28-30)? Vivir en unidad cooperativa requiere estar llenos del Espíritu de Cristo que mora en nosotros para que seamos apacibles y humildes, como él lo es.

¿Qué pasaría si los metodistas pensaran que los bautistas son más importantes que ellos, y los bautistas estuvieran de acuerdo?... Es broma. ¿Qué pasaría si los bautistas hicieran todo lo posible para poner a los metodistas en primer lugar? ¿Y qué pasaría si los evangélicos buscaran honrar a los carismáticos, que buscaran honrar a los pentecostales, que buscaran honrar a los católicos y ortodoxos, y así sucesivamente? ¿Qué pasaría si la competencia airada, temerosa, suspicaz, orgullosa, amarga o incluso el ajetreo dentro de las iglesias y la apatía entre las iglesias fueran reemplazados por una humildad y un amor genuinos y sinceros, lo que resultaría en una cooperación unificada?

La tercera cosa que debemos notar en Efesios 4 es que el apóstol Pablo implora urgentemente y anima fervientemente a los creyentes a caminar en unidad. Es la única manera en que los seguidores de Cristo pueden caminar de una manera digna de nuestro llamado. Estar desunidos en orgullo y en un espíritu crítico, duro, temeroso y de división es indigno de Jesús y de su llamado a nosotros como su cuerpo.

La cuarta cosa que noto es que no se nos exhorta a *crear* unidad, sino a *preservarla*. Ya está ahí. Ya es nuestra en Cristo. Es cierto que los versículos 8-11 hablan de nuestras diferencias, y eso es necesario porque el cuerpo de Cristo es *unidad en la diversidad*. No es una unidad *de uniformidad*. Pero las diferencias de las que habla la Biblia están en el área de los dones espirituales, los llamamientos y los roles dentro del cuerpo, no en los matices denominacionales o doctrinales.

Finalmente, ¿qué sucedería si el pueblo de Dios creyéramos de verdad que «a cada uno de nosotros se nos ha dado gracia en la medida en que Cristo ha repartido los dones» (versículo 7)? Nos daríamos cuenta de que en realidad nos necesitamos los unos a los otros, y que cuando estamos separados de un miembro del cuerpo, hasta ese punto el cuerpo se ve disminuido en su poderoso impacto.

Mañana echaremos un vistazo a lo que produce la unidad humilde y amorosa demostrada por la cooperación en el cuerpo de Cristo. Se llama comunidad.

QUINTA SEMANA: **EL PODER DE LA HUMILDAD**

PIENSA Y PROCESA:

Preservar la unidad en el cuerpo de Cristo requiere humildad y dulzura.

RECUERDA ESTA VERDAD:

«Pero a cada uno de nosotros se nos ha dado gracia en la medida en que Cristo ha repartido los dones». (Efesios 4:7)

PREGUNTAS PARA REFLEXIONAR:

¿De qué manera te ves a ti mismo o a tu iglesia como superiores a otros cristianos? ¿Te esfuerzas por cooperar con miembros de otras denominaciones? ¿Por qué sí o por qué no?

HABLA CON DIOS:

Querido Padre celestial, creador tanto de los colibríes como de los humanos, tú eres el Señor del universo, el Señor de la Iglesia y el Señor de mi vida. El pecado ha afectado profundamente a toda tu creación, ¿no es así? Y, sin embargo, tú has comenzado a revertir la maldición que trajo el primer Adán al enviar al último Adán para redimir a la humanidad perdida. Nos has adoptado como tus hijos e hijas y nos has concedido tu gracia. Ahora has puesto una responsabilidad crucial en nuestro regazo, ser diligentes en preservar la unidad que has creado en Cristo. Perdónanos y perdóname a mí, Señor, porque hemos hecho un trabajo terrible con ese llamado. En lugar de caminar con humildad, hemos caminado con orgullo. En lugar de ser amables, hemos sido críticos, satíricos, suspicaces y temerosos. En lugar de cooperar, hemos competido unos contra otros, incluso a veces viendo a los demás como el enemigo. Mientras tanto, el verdadero enemigo está encantado. Me arrepiento de mi orgullo egoísta y le pido al Espíritu de Cristo que construya una humildad genuina en mi alma y en tu cuerpo para que podamos tener un impacto aún mayor del amor en un mundo quebrantado. Amén.

DÍA 34

COMUNIDAD REAL

Hace varios años tuve el privilegio de trabajar con un ministerio en la iglesia que era lo más cercano a una comunidad real que había visto en mucho, mucho tiempo, tal vez nunca. No hubo *prima donnas* en esta reunión. Las personas que formaban parte de este grupo eran personas sencillas y con los pies en la tierra, tanto hombres como mujeres. Uno era maquinista, otro impresor, un par de enfermeras, uno quiropráctico, otro agente de bienes raíces, otro trabajaba en el mantenimiento de hospitales y uno estaba jubilado. Yo era el único en el grupo en el ministerio vocacional a tiempo completo, y traté de no dejar que eso interfiriera.

De hecho, mi deseo no era ser la persona a la que la comunidad acudiera para el liderazgo del día a día. Al contrario, traté de proporcionar alguna dirección y animar a los demás a ministrarse unos a otros, para ver cómo se desarrollaba el liderazgo desde dentro de las filas. Tener un «ministro profesional» en el poder habría sido muy fácil, pero para ser perfectamente honesto, lo habría arruinado. Así que me quedé en un segundo plano, ayudando a reavivar la visión y brindando capacitación cuando era necesario, pero la belleza de esta comunidad estaba en que todos eran ministros. Y fue divertido ver a cada persona llegar a esa conclusión.

Aunque este modelo puede ser significativamente diferente de lo que tú estás acostumbrado, sospecho que lo que sucedió en medio de nosotros no estuvo tan lejos de lo que el Señor tenía en mente cuando dirigió a Pablo a escribir Efesios 4:11-13:

> «Él mismo constituyó a unos como apóstoles; a otros, profetas; a otros, evangelistas; y a otros, pastores y maestros, a fin de capacitar al pueblo de Dios para la obra de servicio, para edificar el cuerpo de Cristo. De este modo, todos llegaremos a la unidad de la fe y del conocimiento del Hijo de Dios, a una humanidad perfecta que se conforme a la plena estatura de Cristo».

¿Lo has pillado? Los ministros dotados no son dados por Cristo a la iglesia para hacer toda la obra. ¡Son dados para equipar a los santos para hacer el trabajo! Esa es una comunidad sana, y eso requiere humildad para funcionar bien. Quienes son los ministros que equipan eventualmente necesitan quitarse del camino y permitir que otros lideren. Los líderes efectivos eventualmente se quedan sin trabajo.

Otro factor que creó un ambiente de humildad vivificante es que todos en el grupo habían luchado con algún tipo de adicción o disfunción emocional, que en un momento los dejó lisiados en la vida. Es difícil caer en una personalidad de «más santo que tú» cuando te has sentido como la escoria de la tierra.

Por otro lado, es imposible revolcarse en la autocompasión (al menos por mucho tiempo) cuando has experimentado la gracia transformadora de Dios y eres parte de una comunidad de personas que saben quiénes son en Cristo, quién eres *tú* en Cristo, ¡y que no van a dejar que lo olvides!

Muchos en el grupo se han mudado, siguiendo carreras o nietos. Otros fueron llamados a otras congregaciones locales. Mientras el grupo estuvo activo, creo que la gente se quedó e invirtió por dos razones principales.

Primero, todos ellos, durante el transcurso de crecer juntos, compartieron sus historias y descubrieron en los demás una gracia que rompe la vergüenza y refuerza la realidad bíblica de que «por lo tanto, ya no hay ninguna condenación para los que están en Cristo Jesús» (Romanos 8:1). Tristemente, puede haber mucha condenación en la iglesia, pero afortunadamente ese no fue el caso aquí.

En segundo lugar, los del grupo se convirtieron en familia, y cada semana era como una reunión familiar. Llegaron a amarse demasiado como para irse. Cuando consideramos reunirnos solo una vez al mes en lugar de semanalmente (porque algunos de los líderes laicos estaban bastante agotados), se tomaron unas semanas para considerar la idea y luego la vetaron por unanimidad.

El amor de este grupo involucraba cosas como llamar y llamar y, finalmente, ir a la casa de alguien cuando la vergüenza del pecado engendraba un aislamiento malsano en ese miembro. O quitarle las armas y municiones a un hermano para asegurarse de que su depresión no se volviera letal. O proporcionar un vehículo usado a un hermano necesitado solo por el costo de llantas nuevas. O juntar un par de autos y viajar cuatro horas de ida para visitar a uno de nuestros miembros caídos en un centro de tratamiento residencial. O llorando y orando por un miembro que descubrió que tenía la enfermedad de Parkinson.

Ver florecer este tipo de relaciones saludables no es fácil. A veces requiere amor firme, valorando el bienestar del hermano o hermana por encima de la propia comodidad personal. Significa animarse unos a otros a no rendirse ni abandonarse, sino a perseverar y crecer, palabras que al principio no pueden recibirse con alegría. Este amor firme requiere otro tipo de humildad, una humildad definida como «la confianza puesta correctamente en Dios» más que en uno mismo. Esta humildad en la dependencia de Dios trae gran audacia, que puede ser el salvavidas para un compañero creyente. Continuemos con lo que Pablo dijo en Efesios 4:14-16:

> «Así ya no seremos niños, zarandeados por las olas y llevados de aquí para allá por todo viento de enseñanza y por la astucia y las artimañas de quienes emplean métodos engañosos. Más bien,

al vivir la verdad con amor, creceremos hasta ser en todo como aquel que es la cabeza, es decir, Cristo. Por su acción todo el cuerpo crece y se edifica en amor, sostenido y ajustado por todos los ligamentos, según la actividad propia de cada miembro».

Necesitamos absolutamente a Dios, y nos necesitamos desesperadamente los unos a los otros. Es fácil que el pueblo de Dios sea golpeado por malas enseñanzas, especialmente cuando son jóvenes en la fe. Así que Dios nos ha dado los unos a los otros para hablar la verdad en amor, para que no nos quedemos en la cuna espiritual, sino que juntos nos convirtamos en adultos maduros y amorosos en Cristo. Y todo el mundo tiene algo que aportar a la causa.

Al leer el devocional de hoy, ¿anhelas este tipo de comunidad de unidad amorosa y humilde?

La unidad en el cuerpo y el honrar nuestros diversos dones en un espíritu de unidad es la diferencia entre la cooperación y la competencia; entre un cuerpo fuerte y un cuerpo débil y uno flácido; entre una iglesia sana, madura, que impacta al mundo y una que está dividida, inmadura, impotente y rechazada por el mundo.

PIENSA Y PROCESA:

Necesitamos absolutamente a Dios, y nos necesitamos desesperadamente los unos a los otros.

RECUERDA ESTA VERDAD:

«Más bien, al vivir la verdad con amor, creceremos hasta ser en todo como aquel que es la cabeza, es decir, Cristo». (Efesios 4:15)

PREGUNTAS PARA REFLEXIONAR:

¿Estás involucrado en una comunidad de creyentes que se caracteriza por la humildad, la unidad y por hablar la verdad con amor? Si no es así, ¿qué necesitas hacer para descubrir o desarrollar este tipo de comunidad sanadora y saludable?

HABLA CON DIOS:

Querido Padre, ¿de qué se está hablando en el devocional de hoy? Suena mucho como «familia» para mí, al menos en la forma en que siempre he imaginado lo que las familias podrían y deberían ser. Puedo ver claramente cómo la humildad es tan necesaria, porque si caminamos con orgullo no pensamos que realmente necesitamos a alguien más, y ciertamente no nos comprometeremos a las relaciones de una manera que sea saludable y sanadora. Por favor, libérame del orgullo independiente y autosuficiente que me lleva al aislamiento y a la desunión y me recuerda, cuando estoy tentado a intentarlo y hacer que la vida funcione por mi cuenta, que la única célula de un cuerpo que vive por sí sola es la del cáncer. Admito mi necesidad de los demás, y también admito que realmente hay, en el fondo, un anhelo de comunidad que tú has puesto dentro de mí. Por favor, dirígeme a un lugar de gracia y amor con otros hermanos y hermanas para que el mundo sepa que tú enviaste a Jesús. Amén.

DÍA 35

ROMPER EL PODER DEL PREJUICIO

Este es el enigma del día: *¿Qué tienen en común un pez, una planta, un gusano y el viento?* Mmm. Tal vez estés pensando: bueno, todos son elementos que encuentras en la naturaleza. Es cierto, pero no es la respuesta correcta, al menos para este acertijo. Si eres un erudito de la Biblia, es posible que reconozcas que todos ellos se mencionan en el libro de Jonás. Si te diste cuenta de eso, te estás calentando, pero aún no lo has conseguido. Déjame ayudarte. Echa un vistazo a los siguientes pasajes de las Escrituras y luego ve si puedes encontrar la respuesta correcta:

> «El Señor, por su parte, dispuso un enorme pez para que se tragara a Jonás, quien pasó tres días y tres noches en su vientre». (Jonás 1:17)

> «Para aliviarlo de su malestar, Dios el Señor dispuso una planta, la cual creció hasta cubrirle a Jonás la cabeza con su sombra. Jonás se alegró muchísimo por la planta». (Jonás 4:6)

> «Pero al amanecer del día siguiente Dios dispuso que un gusano la hiriera y la planta se marchitó». (Jonás 4:7)

> «Al salir el sol, Dios dispuso un abrasador viento del este. Además, el sol hería a Jonás en la cabeza, de modo que este desfallecía. Con deseos de morirse, exclamó: "¡Prefiero morir que seguir viviendo!"». (Jonás 4:8)

What Lo que estos cuatro objetos tienen en común es que cada uno fue «designado» por Dios para una misión en la vida de Jonás. El Señor usó esas cuatro cosas para rescatar, dirigir, proveer, proteger, consolar y castigar a Jonás. Es muy alentador saber que incluso en medio de nuestra desobediencia (y Jonás inicialmente se dirigía exactamente en la dirección opuesta a donde Dios lo estaba enviando), Dios todavía se preocupa por nosotros profunda y creativamente. Sin embargo, para los propósitos del devocional de hoy, quiero enfocarme en la obra de castigo de Dios en la vida de Jonás.

Es útil, creo, mirar la historia de Jonás y examinar en qué problema se estaba concentrando Dios. No creo que a Dios le importara principalmente que Jonás fuera demasiado dramático... ¡a pesar de que su reacción al abrasador viento del este fue un poco exagerada!

No hace falta ser un científico espacial al leer el libro de Jonás para darse cuenta de que el hombre odiaba a la gente de Nínive. El odio de Jonás tampoco era totalmente injustificado. Eran un pueblo desagradable y cruel que parecía estar particularmente inclinado a infligir miseria a sus enemigos, incluidos los hebreos.

Es curioso, entonces, que Dios «designara» a Jonás para ser el misionero que había de llevar a la ciudad de Nínive un mensaje profético, que habría de llevarlos al arrepentimiento y a la retención del juicio de Dios de destrucción sobre ellos. Supongo que el equivalente del siglo XXI sería que Dios enviara a un judío ortodoxo a predicar un mensaje de arrepentimiento en Teherán, Irán. En cierto modo, sin embargo, Jonás era «campo misionero» tanto como los ninivitas. Se podría decir que Dios estaba en modo multitarea: estaba decidido a salvar a los ninivitas de la destrucción, y también estaba decidido a salvar a Jonás de su odio.

A veces me pregunto cuánto de la bendición de Dios se retiene debido al prejuicio racial que todavía existe dentro de la Iglesia. Se podría pensar que el prejuicio que existe hoy en día entre las razas y los grupos étnicos en nuestra nación y en todo el mundo es exclusivo de esta época. No es así. Había, en los días de Jonás, una gran brecha en las relaciones raciales, y esa es una de las cosas a las que Jesús también vino a asestar un golpe mortal. Escuchemos cómo Pablo describió la solución de Dios a la gran división entre judíos y gentiles:

> «Pero ahora en Cristo Jesús, a ustedes que antes estaban lejos, Dios los ha acercado mediante la sangre de Cristo. Porque Cristo es nuestra paz: de los dos pueblos ha hecho uno solo, derribando mediante su sacrificio el muro de enemistad que nos separaba, pues anuló la Ley con sus mandamientos y requisitos. Esto lo hizo para crear en sí mismo de los dos pueblos una nueva humanidad al hacer la paz, para reconciliar con Dios a ambos en un solo cuerpo mediante la cruz, por la que dio muerte a la enemistad». (Efesios 2:13-16)

El «hombre nuevo» del que habló Pablo fue la nueva creación y transformación de judíos y gentiles en hijos de Dios en Cristo. Tomó a los que eran enemigos unos de otros y los hizo parte de una nueva familia. Sin embargo, el costo no fue barato. Le costó la vida a Jesús. Dios estaba harto del odio entre las razas, y se necesitó el sacrificio final de su Hijo para romper el poder del prejuicio.

El corazón de Jesús por la unidad en el cuerpo de Cristo es evidente en la forma en que oró en Juan 17:22-23:

> «Yo les he dado la gloria que me diste, para que sean uno, así como nosotros somos uno: yo en ellos y tú en mí. Permite que alcancen la perfección en la unidad, y así el mundo reconozca que tú me enviaste y que los has amado a ellos tal como me has amado a mí».

Yo llamo a esto «la gran oración de Jesús que aún no ha sido contestada». Yo creo que él todavía lo está orando hoy, porque todavía no ha sucedido. Tú y yo podríamos ser parte de esa respuesta a la oración, si dejamos a un lado nuestro orgullo y prejuicio y abrazamos la humildad, el amor y la unidad.

Dios designó un pez, una planta, un gusano y el viento para enseñarle a Jonás que el Señor tenía «compasión de Nínive» (Jonás 4:11) y que también él debía tenerla. ¿Qué ha designado Dios en tu vida para destruir el muro divisorio entre tú y los demás? Tal vez estés separado de tu cónyuge, de tus hijos o de tus padres. Tal vez haya división dentro de tu iglesia entre aquellos que tienen ciertos dones espirituales y aquellos que no los tienen. ¿No quieres tener nada que ver con «esa iglesia» al final de la calle o al otro lado de la ciudad porque su teología es diferente a la tuya o porque tu iglesia y la de ellos tuvieron una desagradable división en algún momento en el pasado? Tal vez tu corazón esté dividido contra los hermanos y hermanas que apoyan a un partido político diferente. ¿Será que hay prejuicios contra los de otras razas o grupos étnicos? A menudo nos apresuramos a negar estas cosas, pero Dios lo sabe.

Al concluir la quinta semana de este devocional, ¿qué te está diciendo Dios? ¿Es posible que Dios te esté llamando a arrepentirte de algún sesgo, intolerancia, prejuicio o actitud de superioridad, aislamiento o división de otro miembro o parte del cuerpo de Cristo? ¿Podría ser que Dios utilizara de alguna manera el cambio de tu corazón del orgullo a la humildad y de la desunión a la unidad para mostrarle al mundo que el Padre envió a Jesús y que ama a su pueblo tanto como ama a su Hijo?

QUINTA SEMANA: **EL PODER DE LA HUMILDAD**

PIENSA Y PROCESA:

Podemos ser una respuesta a la oración de Jesús si dejamos a un lado el orgullo y prejuzgar, y elegimos la humildad, el amor y la unidad.

RECUERDA ESTA VERDAD:

«Porque Cristo es nuestra paz: de los dos pueblos ha hecho uno solo, derribando mediante su sacrificio el muro de enemistad que nos separaba». (Efesios 2:14)

PREGUNTAS PARA REFLEXIONAR:

¿Está el Señor sacando a la luz algún prejuicio en tu corazón hacia individuos, iglesias, denominaciones, razas o grupos étnicos? Tómate el tiempo para escuchar lo que él puede querer y necesita traer a tu mente en este sentido. Dile a Dios que lamentas cualquier prejuicio, odio o fanatismo que te esté revelando. Pídele que cambie tu corazón al amor.

HABLA CON DIOS:

Amado Padre, tu Palabra dice que habrá personas de cada tribu y lengua y pueblo y nación en el cielo. ¡Te encantan todos, y Jesús murió por todos ellos. En este momento no estoy tan seguro de estar totalmente cómodo con un cielo como ese. Tengo la sensación de que mi tendencia sería pasar el rato con el grupo que más se parece a mí. ¿Podrías mostrarme si hay algún prejuicio oculto en mi corazón? Los comentarios que he hecho, los chistes que he contado, los apelativos con que he llamado a la gente, los resentimientos profundamente arraigados, los temores... todo eso está abierto y puesto al descubierto ante tus santos ojos. Confío en que tú eres muy capaz y estás muy dispuesto a erradicar cualquier superioridad denominacional, racial o étnica que pueda tener y a hacerme como el Señor Jesús en esta área. Por favor, conviérteme en un instrumento de unidad. Elijo la humildad en Cristo y renuncio a todos y cada uno de los prejuicios que he permitido en mi corazón. Toma tu bisturí de cirujano, Señor, y profundiza tanto como necesites. Amén.

SEXTA SEMANA
LA VIDA DE GRACIA-REPOSO

DÍA 36

LA INVITACIÓN

Eso suena muy bien, ¿no? La vida de «reposo de gracia», quiero decir. Y si has estado viviendo bajo la aplastante carga de la culpa, la vergüenza, el temor y el orgullo, no solo suena bien, sino que *está* bien. Es la vida tal como está destinada a ser vivida. Pasaremos estos últimos cinco días viendo qué es la vida de «reposo de gracia» y cómo podemos comenzar a experimentarla.

Estoy seguro de que Jesús tenía toda la atención de sus oyentes, que estaban agotados y quemados por los «lo que se debe y no se debe hacer» religiosos, cuando él les dijo:

> «Vengan a mí todos ustedes que están cansados y agobiados; yo les daré descanso. Carguen con mi yugo y aprendan de mí, pues yo soy apacible y humilde de corazón, y encontrarán descanso para sus almas. Porque mi yugo es suave y mi carga es liviana». (Mateo 11:28-30)

Hay varias cosas acerca de esta vida de «gracia y descanso» que saltan inmediatamente a la vista cuando leemos las palabras de Jesús en Mateo 11.

Primero, la invitación es a acercarse a Jesús mismo. No a un conjunto de reglas, reglamentos, deberes y obligaciones. No a una lista de «deberías, debes y deberás». No a un sistema religioso. No a las demandas o expectativas de nadie de lo que un cristiano debe ser o hacer. No a una vida de control rígido, estricto y temeroso. Ni siquiera a tus propios estándares perfeccionistas autoimpuestos de lo que es «ser una buena persona». Acércate a Jesús.

En segundo lugar, responder a la invitación trae consigo la promesa de reposo. Cuando te acercas a Jesús, él, libre y graciosamente, te da descanso. Todo lo que proviene de sistemas religiosos hechos por el hombre y basados en reglas simplemente te desgasta. Hebreos 4:9-10 nos da una pista de lo que implica ese descanso:

> «Por consiguiente, queda todavía un reposo especial para el pueblo de Dios; porque el que entra en el reposo de Dios descansa también de sus obras, así como Dios descansó de las suyas».

Este «descanso» para el pueblo de Dios no es solo tomar un día a la semana para descansar del trabajo (algo que necesitamos). Es también una forma de vida. Es, y esto es crucial entenderlo, dejar de esforzarse por vivir la vida con tus propias fuerzas. Significa, en cambio, confiar en el único que alguna vez vivió la vida correctamente, para que sea tu fuente de vida, fuerza, amor y sabiduría.

Es posible que desees leer esa última frase unas cuantas veces, pidiéndole a Dios que penetre en tu corazón con la revelación de su poder. Esa verdad revolucionará y transformará tu vida si realmente la crees.

Tal vez la siguiente historia te ayude a comprender de qué estamos hablando en términos de la vida de «gracia-descanso». Una vez que lo comprendas, no creo que quieras volver a la antigua forma de vida.

> En una noche clara y estrellada de febrero, exclamé con total impotencia: «¡Señor, no puedo hacer eso!». Esas iban a ser mis últimas palabras antes de acabar con mi vida con la cuerda que

había traído al trabajo esa noche. Una viga muy por encima de mi banco, una soga, un escalón... y el fin de esta miseria por fin. Veinte años de esforzarme por cumplir las reglas, tratando de guiar a mi familia «en la ley» habían terminado en fracaso... fracaso a cada paso. Al final, incluso la apariencia de «vivir la vida moral y piadosa» se había agrietado y astillado cuando recurrí a escapar del dolor del fracaso a través de la adicción a la pornografía, mientras mi esposa sufría de depresión y un trastorno de ansiedad. Mis hijos se habían vuelto al mundo. Un hijo y una hija eligieron el estilo de vida «gay»; Mis otros dos hijos simplemente encontraron más «vida» en el mundo que en la iglesia. Entonces, ¿por qué estoy vivo, escribiendo estas palabras? Un milagro... gracia... Jesús. En respuesta a mi llanto esa noche, como un susurro, escuché claramente las palabras: «No, tú no puedes, pero yo sí puedo». Esa noche estrellada me rendí. Sencillamente, no se trataba de volver a la impotencia, una vez que sentí que se me quitaba ese peso de los hombros. El resto fue, simplemente, aprender a morar en Cristo. Comencé a leer toda la Biblia, bebiendo grandes tragos de gracia mientras leía libros enteros del Nuevo Testamento. ¡Qué alegría! Cada paso ha sido preparado gentilmente por el Señor. Ni una sola vez he tenido que esforzarme, pero estoy aprendiendo a permanecer en Cristo y a dar los pasos que él ordena. Durante los últimos tres años, el Señor me ha guiado al ministerio a otros en esclavitud, y en una ironía divina, fui ordenado al ministerio el año pasado, autorizado y libre para predicar la gracia, la gracia sin adulterar, dentro del mismo cuerpo que una vez había añadido cargas tan pesadas que la gracia se perdió y la esperanza casi se desvaneció.[1]

---

1. Anderson, Miller, and Travis, 258–260.

Now, Ahora, con suerte no estás planeando quitarte la vida, pero tal vez estés a punto de rendirte. Tal vez hayas llegado a la conclusión de que la vida cristiana funciona para los demás, pero no para ti. Tal vez te hayas convencido de que hay algo inherentemente malo en ti que te impide «entenderlo». Has estado pasando por los movimientos de hacer las cosas correctas, las cosas que se supone que los «buenos cristianos» deben hacer, pero ya no parece haber ninguna vida real o gozo o conexión relacional sincera con Dios en ellos. Te preguntas qué pasa.

O tal vez aún no te sientas tan desesperado. Simplemente tienes una sensación persistente y constante en tu interior de que algo falta en tu viaje espiritual con Cristo. Los colores de tu vida espiritual no son tan vivos como solían ser. No vas a tirar la toalla, pero tienes que admitir que estás cansado. Alejarse de las cosas de Dios por un tiempo no parece una mala opción en este momento.

Si tú estás en alguno de estos lugares en este momento o conoces a alguien que lo está, bienvenido al cuerpo de Cristo. He estado en estos y en todos los lugares intermedios. No es divertido. La audiencia a la que Jesús estaba hablando en Mateo 11:28-30 probablemente estaba llena de personas así. Jesús entiende por lo que estamos pasando y nos ofrece descanso.

La tercera cosa que me llama la atención de este pasaje es que Jesús no nos está invitando a acercarnos a él en busca de un buen consejo y luego ser enviados a nuestro camino con una palmadita en la espalda y un cordial «¡Buena suerte! ¡Espero que esto te funcione!», como palabras de despedida. Él nos está haciendo señas para que tengamos una relación continua, para que caminemos juntos.

La imagen que Jesús estaba usando era la de un yugo hecho de madera, colgado sobre los hombros de una yunta de bueyes. Por lo general, un buey joven e inmaduro se unía con un buey maduro y experimentado para que el más joven pudiera aprender lo que necesitaba. Para que ese buey más joven aprendiera, tenía que caminar con el veterano, manteniéndose al paso de él, siguiendo su ejemplo, sin avanzar con celo voluntarioso, pero tampoco arrastrando los talones en una resistencia obstinada.

Las palabras de Jesús fueron la invitación a un caminar que llevara a cabo un trabajo útil, no el boleto dado por Dios a la pasividad y la inactividad perezosa.

Creo que te haces una idea.

Jesús nos invita a caminar con él, aprendiendo de él y siguiendo su ejemplo. Cuando vivimos de esa manera, en lugar de sentir que estamos solos, tratando de vivir la vida según nuestro propio ingenio y buenas intenciones y estándares, encontramos descanso para nuestras almas. Puedes dar un profundo suspiro de alivio sabiendo que no todo depende de ti. Liderar depende de él; tu responsabilidad es seguirle.

La elección es clara: o nos quedamos cansados y cargados o nos rendimos al liderazgo de Jesús, caminando en su sabiduría y poder. Cuando tomamos la decisión de descansar en su gracia, descubrimos que su yugo es fácil y su carga ligera.

A mí me parece una obviedad.

Concluyo el devocional de hoy con una de mis meditaciones favoritas sobre esta increíble oportunidad de experimentar el descanso en la gracia de Jesús:

> Cuando meditaba en la palabra «guía», seguía viendo la palabra «danza» al final. Recuerdo haber leído que hacer la voluntad de Dios es muy parecido a bailar. Cuando dos personas intentan liderar, nada se siente bien. El movimiento no fluye con la música, y todo es bastante incómodo y espasmódico. Cuando una persona se relaja y deja que la otra guíe, ambas comienzan a fluir con la música. Uno da señales suaves, tal vez con un empuje hacia atrás o presionando ligeramente en una dirección u otra. Es como si dos se convirtieran en un solo cuerpo, moviéndose maravillosamente. La danza requiere rendición, voluntad y la atención de una persona y la guía suave y habilidad de la otra. Pensé en Dios al

fijar mis ojos en la palabra «guía». Dios, tú y yo bailamos. Esta afirmación es lo que significa la orientación para mí. A medida que bajé la cabeza, me dispuse a confiar en que recibiría orientación sobre mi vida. Una vez más, me dispuse a dejar que Dios me guiara.[2]

La vida de «gracia-descanso» es dejar que Dios guíe. Jesús invita a todos los que están cansados y agobiados a la danza. Encontrarás descanso para tu alma. Él te guiará suave y humildemente por sendas de justicia por amor a su nombre. ¿Aceptarás su invitación?

---

2. Pauline Lamarre, "Asking for Guidance," (El Pedir Dirección) http://pkbutterfly.com/hisguidance.html.

PIENSA Y PROCESA:

La vida de «reposo de la gracia» es dejar de esforzarnos por hacer que la vida funcione con nuestra propia fuerza y sabiduría, y en su lugar, confiar y caminar con el ser fuerte y sabio, dejándole a él que lo guíe.

RECUERDA ESTA VERDAD:

«Porque el que entra en el reposo de Dios descansa también de sus obras, así como Dios descansó de las suyas». (Hebreos 4:10)

PREGUNTAS PARA REFLEXIONAR:

¿Has tomado sobre ti el yugo fácil y ligero de Jesús, y estás dejando que él te guíe en la vida, o todavía estás luchando con él para mantener el control de tu propia vida? Si este último es el caso, ¿qué te impide entrar en la vida de «reposo de gracia»?

HABLA CON DIOS:

Querido Padre, parece mucho más fácil tratar de llegar a una fórmula o lista de «cosas que hacer» y «cosas que no hacer» para medir y controlar mi vida espiritual. Pero supongo que ese es el problema, ¿no es así? Quiero controlar las cosas. Es mucho más difícil, al parecer, rendirme y ceder el control de mi vida a otra persona, incluso a Jesús. Y, sin embargo, su invitación es intrigante y su promesa de descanso para mi alma seguro que suena bien. Después de todo el estrés y ansiedad y pensamientos desordenados y confusos, me vendría bien un poco de descanso. Por favor, continúa desgastando mi resistencia para que yo acepte tu oferta más pronto que tarde. Puedo decir que me estoy acercando al lugar de la rendición, pero tal vez todavía tengo temor de lo que hay al otro lado de esa decisión. Me siento un poco como cuando Pedro fue animado a salir de la barca para caminar sobre el agua con Jesús. Parece una locura, excepto por el hecho de que Jesús es el que invita. Supongo que, independientemente de lo que pueda encontrar al otro lado de la puerta de la rendición, sé que encontraré a Jesús, y él me promete descanso. Necesitaré tu fuerza, Señor, para que cuando vea el viento y las olas no me asuste. Gracias por la oportunidad de caminar contigo. Amén.

DÍA 37

GENTE DE GRACIA

Esperemos que el devocional de ayer haya comenzado a darte una idea de lo que es la vida de «gracia y descanso». Si la gracia es Dios dándonos gratuitamente lo que no merecemos, lo que no podemos encontrar por nuestra cuenta y necesitamos desesperadamente, entonces la vida de «gracia y descanso» es confiar y descansar en el hecho de que él realmente nos proporcionará toda la gracia que necesitamos para vivir la vida a su manera.

The La vida de «reposo de gracia», aunque libre de los grilletes de las rígidas reglas religiosas, no es de ninguna manera una vida de simplemente sentarse a esperar el regreso de Cristo. Es una vida activa que requiere que salgamos de nuestra zona de confort y sigamos a Jesús en la danza, dondequiera que él decida llevarnos. Tenemos que estar preparados para algunos giros, vueltas y rodeos inesperados. Déjame contarte sobre uno que acaba de suceder.

Dios tiene sentido del humor. Estoy convencido de ello. Ahora, no quiero decir que yo piense que Dios el Padre está sentado en su trono haciendo chistes todo el día. Pero algunas de las cosas que el Señor hace y el momento en que se producen me hacen sonreír, sacudir la cabeza e incluso reírme un poco.

Hoy ha sido una de esas ocasiones. En primer lugar, permítanme dar un poco de contexto.

Ayer, en el servicio de adoración de nuestra iglesia, nuestro pastor predicó sobre la parábola del buen samaritano. Tal vez recuerden que Jesús contó esa historia debido a un hombre que quería justificarse ante el Señor. El hombre estaba muy orgulloso de cómo había guardado los mandamientos, y cuando Jesús lo animó a ir y amar a su prójimo como a sí mismo, el hombre preguntó:

«¿Y quién es mi prójimo?». (Lucas 10:29)

Luego, Jesús procedió a contar una de sus historias magistrales, que dejó completamente boquiabiertos a los oyentes. En resumen, la historia es la siguiente: Después de que un hombre fue robado, golpeado y dejado por muerto en el camino de Jerusalén a Jericó, tanto un sacerdote como un levita caminaron alrededor del pobre hombre y no hicieron nada para ayudarlo. Pero, para sorpresa de los oyentes, en el relato de Jesús, un samaritano (miembro de un grupo étnico despreciado por los judíos) se convirtió en el héroe. Hizo todo lo posible para ayudar generosamente al hombre necesitado, incluso prometió volver y ver al pobre hombre más tarde y hacerse cargo de cualquier gasto adicional.

—¿Cuál de estos tres crees que resultó ser el prójimo del hombre que cayó en manos de los ladrones? —preguntó Jesús.

Con la boca abierta y los ojos desorbitados, el hombre que se justificaba a sí mismo dijo: «El que tuvo misericordia de él».

«Ve y haz tú lo mismo», concluyó Jesús.

Interesante giro de la conversación por parte de Jesús, ¿no te parece? El que buscaba justificarse quería saber quién era su prójimo. A Jesús le preocupaba más que su oyente fuera un buen prójimo. En otras palabras, Jesús le estaba enseñando a no preocuparse tanto por averiguar a quién debía o no debía ayudar. En cambio, debería ser una persona con un corazón bueno y misericordioso que naturalmente, o más bien sobrenaturalmente, ayudaría a las personas necesitadas que encontrara. Las personas de gracia son así. Realmente se preocupan por las personas, incluso por los extraños, y se apiadan de los necesitados.

Aquí es donde entra en juego el sentido del humor de Dios. Al final del sermón de mi pastor, debe haber repetido las palabras de Jesús: «Ve y haz tú lo mismo» al menos tres o cuatro veces. Y, siendo un buen cristiano, dije: «Sí, Señor, lo haré».

Esta mañana, mientras tomaba parte de un día libre, preparándome para disfrutar de un tiempo de paz con el Señor, ha sonado el teléfono. Un amigo mío tenía dos citas con el médico, y su madre (que temía el mal tiempo inminente) no quería llevarlo a las citas como estaba planeado. Mi amigo estaba desesperado porque lo llevaran ya que, al ser legalmente ciego, no podía conducir solo.

Después de superar mi irritación con la temerosa madre, accedí a ayudarlo.

La primera cita se acercaba muy rápido, y antes he tenido que dejar a mi esposa, Shirley, en el trabajo. ¿Podría llegar a tiempo? Faltar a la cita con el médico habría sido muy problemático para mi amigo, y he tenido que llevarlo allí a las 9:10 a.m. para llegar a tiempo.

Admitiendo que, siendo un poco liberal con los límites de velocidad, con un suspiro de alivio me detuve al frente del consultorio del médico (gracias a que el Señor proporcionó algunos semáforos verdes muy útiles) a las 9:08.

Las citas y los viajes han terminado tomando toda mi mañana «libre», pero tenía que sonreír. Sabía lo que Dios estaba tramando. Él estaba comprobando lo sincero que había sido ayer en la iglesia cuando me comprometí a ser un buen prójimo. El serio sentido del humor de Dios ataca de nuevo.

Las citas con el médico de mi amigo han ido bien, por cierto, (él es diabético) y estaba muy agradecido por el viaje. Incluso llegué a hablar sobre el amor y la gracia de Dios a un niño en una de las salas de espera. Tenía tanta curiosidad por lo que estaba haciendo con mi computadora portátil que no ha podido resistirse a preguntarme. Y resulta que yo estaba trabajando en este libro, así que le he contado todo sobre él.

Cuando entramos en la vida de «reposo de la gracia», nos convertimos en lo que yo llamo «gente de gracia». Ese es el término que uso para describir a las personas que han entrado en el reposo de Jesús al rendirse a su voluntad y caminar por fe en su gracia, sabiendo que él está completamente comprometido a cuidar de todas sus necesidades. Cuando descansamos seguros en el conocimiento de que Dios está totalmente comprometido a cuidar de nuestras necesidades, estamos liberados para preocuparnos por satisfacer las necesidades de los demás.

Realmente quiero ser una persona con gracia. Quiero vivir agradecida amando a Dios y ayudando a los demás con entusiasmo y amor. Sé que Dios quiere que yo también sea así. Pero ¿alguna vez te has dado cuenta de que ser personas de gracia requiere que estemos dispuestos a ser molestados?

Aquellos que viven sus vidas bajo un estándar de ley basado en el desempeño suelen ser rígidos e inflexibles. Se irritan mucho y se alteran cuando algo interrumpe su mundo cuidadosamente controlado. Para ser una persona de gracia, tienes que ceder el control a Dios, renunciando a todo, incluyendo tu tiempo, tu energía, tu dinero y tu conveniencia, para permitir que el Señor interrumpa tu mundo y se crucen en tu vida de gracia personas necesitadas de gracia. Si no estás acostumbrado, puede parecer un verdadero dolor. Pero cuando aprendes a dejarte llevar por la corriente de lo que Dios está haciendo, puede ser una verdadera aventura vivir en amor. Todavía estoy aprendiendo, como he descubierto esta mañana.

Pablo le estaba enseñando a su hijo espiritual, Timoteo, cómo ser una persona de gracia. Él le dijo:

> «Así que tú, hijo mío, fortalécete por la gracia que tenemos en Cristo Jesús». (2 Timoteo 2:1)

Un sabio maestro de la Biblia solía decir: «Cuando veas la expresión "por lo tanto", tienes que preguntarte para qué sirve el "por lo tanto"». Así que retrocedamos un poco y leamos el final del capítulo uno.

> «Ya sabes que todos los de la provincia de Asia me han abandonado, incluso Figelo y Hermógenes. Que el Señor conceda misericordia a la familia de Onesíforo, porque muchas veces me dio ánimo y no se avergonzó de mis cadenas. Al contrario, cuando estuvo en Roma me buscó sin descanso hasta encontrarme. Que el Señor le conceda hallar misericordia divina en aquel día. Tú conoces muy bien los muchos servicios que me prestó en Éfeso». (2 Timoteo 1:15-18)

Lamentablemente, Pablo se encontró rodeado de personas no agraciadas que lo rechazaron, incluidos dos tipos a los que me gusta referirme como «inquietos» e «iguales». Pero Onesíforo era diferente. Era una persona con gracia. Creo que hay al menos tres cosas acerca de las personas de la gracia que Pablo quería enseñarle a Timoteo, y a nosotros, de la vida de Onesíforo.

Primero, las personas de gracia son *refrescantes*. Onesíforo a menudo refrescaba a Pablo. La gente de la gracia es así. Las personas sin gracia, por otro lado, tienden a drenarte la vida. Son portadores de estrés que exageran las cosas pequeñas y contagian su ansiedad a los demás. Las personas de gracia vierten vida en ti en lugar de drenar tu energía. Son un estímulo.

Segundo, las personas de gracia *aceptan*. No importa en qué condición te encuentres, ya sea autoinfligida o no, todavía te aman y te encuentran donde estás en la vida. Estar en prisión no era una insignia de honor en los días de Pablo más de lo que lo es hoy, pero eso no le importaba a Onesíforo. Él vino con gracia a uno que estaba en desgracia.

En tercer lugar, las personas de gracia son *relacionales*. Quienes no son personas de gracia tienden a valorar la perfección más que a las personas, las leyes más que el amor y las reglas más que las relaciones. Onesíforo buscó a Pablo con entusiasmo y no se contentó hasta que lo encontró. Roma era un lugar grande, y no podía simplemente buscar en Google «Pablo en la prisión romana» y saber de inmediato su paradero. Tomó algún tiempo y energía encontrarlo, y lo hizo, porque amaba a Pablo. Y este era claramente el estilo de vida de esta persona de gracia, ya que Pablo le recordó a Timoteo cómo Onesíforo también lo había ayudado en Éfeso.

Así que la exhortación de Pablo a Timoteo también es nuestra: «Así que tú, hijo mío, fortalécete por la gracia que tenemos en Cristo Jesús». (2 Timoteo 2:1)

Mañana echaremos un vistazo a cómo Dios nos lleva al punto de estar dispuestos a rendirnos y entrar en la «vida de gracia y reposo», llegando a ser fructíferos como Onesíforo: fuertes en gracia y personas refrescantes, relacionales, que aceptan a los demás.

SEXTA SEMANA: LA VIDA DE GRACIA-REPOSO

PIENSA Y PROCESA:

Ser una persona amable requiere estar dispuesto a ser molestado.

RECUERDA ESTA VERDAD:

«Así que tú, hijo mío, fortalécete por la gracia que tenemos en Cristo Jesús». (2 Timoteo 2:1)

PREGUNTAS PARA REFLEXIONAR:

¿La gente te describiría como una persona refrescante, que acepta a los demás y relacional? Si no es así, ¿qué te impide ser una persona con gracia?

HABLA CON DIOS:

Amado Padre celestial, se ha dicho que puedes notar la profundidad de la fe de un hombre mirando su chequera y su calendario. ¿Cómo, entonces, se puede comprobar la profundidad de la gracia de un hombre? ¿Cómo puedo saber si me estoy fortaleciendo en la gracia que es en Cristo Jesús? Quiero que me conozcan por ser refrescante, relacional y aceptar a otros, y no agobiante, crítico y que rechazo a los demás, no estando dispuesto a ser molestado para ayudar a otros necesitados. ¿Cuáles son los obstáculos que me impiden ser lleno de gracia y verdad como el Señor Jesús? ¿Podrías tú, por favor, abrir mis ojos en los días venideros para que las cosas desagradables que hay en mí y los defectos vergonzosos que tengo sean desmenuzados como los bordes afilados y ásperos de la obra maestra de un escultor? Amén.

DÍA 38

NO ES TAN FÁCIL

Estaba teniendo una de esas charlas totalmente honestas e íntimas con Dios que hacen que seguir a Jesús sea genuinamente real. Tal vez sepas a lo que me refiero. Hay muchas ocasiones en las que sabes que él está ahí, pero la distancia entre tu vida finita y su presencia infinita parece casi imposible de salvar. Lees la Biblia y oras, y sabes que te está beneficiando en algún nivel, pero la conexión de corazón a corazón con el Señor, de alguna manera, parece estar faltando.

Esta no fue una de esas veces. Por alguna razón, no solo sabía por fe que él estaba conmigo y en mí, sino que podía sentirlo con cada fibra de mi ser. Me dio hambre de cielo.

Queriendo hacerle saber al Señor de una manera especial que quería que él tuviera todo de mí, hice una oración muy sincera. Era más o menos así:

«Señor, te amo y quiero seguirte con todo lo que soy. Sé que todavía hay mucho en mí que necesita irse, así que, ¿podrías, por favor, liberarme de todo lo que te desagrada en mi vida? Quiero que se vaya. Lo digo en serio, Señor. Por favor, llévatelo todo».

Esperé en silencio a que el Señor hiciera una nueva y poderosa obra en mi vida. Esperaba ser conducido a un escalón más alto y profundo de la espiritualidad en ese momento. No pasó mucho tiempo hasta que sentí la voz suave y paternal de Dios ministrando en lo profundo de mi corazón:

«Hijo mío, no es tan fácil».

Esas no eran las palabras que esperaba escuchar, pero cuando el Señor me las dijo, supe que eran la verdad.

¿A qué se refería?

Bueno, para ser perfectamente honesto, esto puede parecer a primera vista una noticia bastante mala, pero es extremadamente importante y en realidad muy buena noticia. En primer lugar, Dios está comprometido a hacernos como Cristo. Esa es su voluntad. En segundo lugar, él se llena de gozo cuando sus hijos e hijas quieren caminar con él en lo que llamamos el «reposo de la gracia» o la vida perseverante. Tercero, el proceso de llegar al lugar de rendirse a su presencia y caminar en gracia no es fácil. De hecho, suele ser bastante difícil y, a menudo, doloroso. Lo más probable es que esa sea la razón por la que tan pocos llegan allí.

No es sorprendente que el apóstol Pablo escribiera desde la experiencia de primera mano sobre este proceso de llevarnos al punto de renunciar al control y permitir que Cristo sea nuestra vida.

> «Pero tenemos este tesoro en vasijas de barro para que se vea que tan sublime poder viene de Dios y no de nosotros. Nos vemos atribulados en todo, pero no abatidos; perplejos, pero no desesperados; perseguidos, pero no abandonados; derribados, pero no destruidos. Dondequiera que vamos, siempre llevamos en nuestro cuerpo la muerte de Jesús, para que también su vida se manifieste en nuestro cuerpo. Pues a nosotros, los que vivimos, siempre se nos entrega a la muerte por causa de Jesús, para que también su vida se manifieste en nuestro cuerpo mortal. Así que la muerte actúa en nosotros y en ustedes la vida». (2 Corintios 4:7-12)

Sé que esto es bastante fuerte. Por eso he esperado hasta casi el final de este devocional para darte esta noticia. Créeme, desearía poderte decir que, simplemente, si vas a cierto servicio de adoración o avivamiento, cantas muchas canciones geniales, escuchas un mensaje conmovedor que te desafía a servir a Cristo con todo tu corazón, y gritas un sincero «¡Amén!», entonces con eso sería suficiente.

Mi hermano o hermana, no es tan fácil.

¿Por qué no?

De la carta de Pablo citada anteriormente, la respuesta parece ser que, para que podamos entrar en esta vida de reposo de gracia, de tener la vida de Cristo obrando poderosamente en y a través de nosotros, algo tiene que suceder primero. Y ese algo es la muerte.

Como dije, a primera vista esto no es una noticia emocionante. Después de todo, ¿quién quiere morir?

El apóstol enumeró una serie de experiencias por las que estaba pasando, que eran decididamente desagradables: estar atribulado, perplejo, perseguido y derribado. Estaba describiendo el tipo de experiencias de vida en las que las cosas salen mal y sientes una enorme presión. No sabes qué hacer y el tiempo se acaba. El mundo entero parece estar conspirando contra ti y la vida se derrumba a tu alrededor. Pierdes tu trabajo, tu salud, tus ahorros o tu reputación. Tal vez todas las anteriores. Tu mundo parece derrumbarse, y ninguna cantidad de oraciones, súplicas, manipulaciones o resolución de problemas sirve para sacarte de la sensación de ser perseguido y estar atrapado. Parece la muerte. Y así es.

Pero la muerte no es el final.

La buena noticia es que, así como la muerte de Cristo en la cruz no fue el final de la historia, tampoco lo es nuestra dolorosa muerte a todo aquello a lo que nos aferramos en la vida, seguridad y felicidad, separados de Cristo.

Hay resurrección.

El recordar que la vida sigue a la muerte en el reino de Dios es lo que evita que te vuelvas loco cuando la vida en este mundo juega duro contigo. De alguna manera, Pablo pudo evitar ser aplastado y desesperarse. Sabía que Dios nunca lo abandonaría. Estaba herido, pero aún estaba vivo. Él estaba muriendo a su propia autosuficiencia en el interior, pero en el exterior estaba viendo la vida de resurrección de Cristo derramada a otros a través de su corazón quebrantado y contrito.

Y eso es algo bueno, algo muy bueno.

Si llevas un tiempo en Cristo, probablemente ya hayas experimentado lo que estoy hablando. De hecho, la Biblia dice que todos los verdaderos hijos de Dios pasarán por este proceso. Hebreos 12:5b-7 dice:

> «"Hijo mío, no tomes a la ligera la disciplina del Señor ni te desanimes cuando te reprenda, porque el Señor disciplina a los que ama y azota a todo el que recibe como hijo". Lo que soportan es para su disciplina, pues Dios los está tratando como a hijos. Porque, ¿qué hijo hay a quien el padre no disciplina?».

¿Lo has pillado? Dios nos disciplina no por ira u odio o con algún deseo desagradable de hacernos miserables, sino por su amor. De hecho, más adelante en ese capítulo, el escritor de Hebreos dice: «pero Dios lo hace para nuestro bien, a fin de que participemos de su santidad» (Hebreos 12:10b).

El apóstol Pablo lo llama «la muerte de Jesús» para que también su vida se manifieste en nuestro cuerpo (2 Corintios 4:10). En Hebreos 12:5 lo llama «la disciplina del SEÑOR», y añade «pero Dios lo hace para nuestro bien, a fin de que participemos de su santidad» (versículo 12). Juan 15 lo llama «poda» para que podamos dar más fruto (versículo 2).

¿Es fácil? No.

¿Es divertido? Por supuesto que no. Hebreos 12:11a dice:

> «Ciertamente, ninguna disciplina, en el momento

de recibirla, parece agradable, sino más bien dolorosa».

¿Vale la pena? Ah... Esa es la pregunta que cada uno de nosotros debe responder.

PIENSA Y PROCESA:

No es tan fácil.

RECUERDA ESTA VERDAD:

«El Señor disciplina a los que ama y azota a todo el que recibe como hijo". (Hebreos 12:6)

PREGUNTAS PARA REFLEXIONAR:

Piensa en un momento en el que las cosas en la vida eran difíciles más allá de tu capacidad para manejarlas o cambiarlas. ¿Cómo respondiste? Mirando hacia atrás en ese tiempo, ¿puedes ver ahora cómo el Señor lo usó para tu bien? ¿Por qué sí o por qué no?

HABLA CON DIOS:

Amado Padre amoroso, el camino para vivir la vida de gracia y reposo no es un fácil, ¿verdad? Palabras como podar, disciplinar y morir indican una cosa en mi mente: el dolor. Hay una parte de mí que se pregunta cómo tu uso intencional del dolor puede ser algo bueno, una obra de amor. Pero luego pienso en cosas como el atletismo, la cirugía, medicina y fisioterapia, momentos de la vida que son dolorosos, con el propósito de fortalecer y sanar, y recuerdo que no todo lo que duele, daña. ¿Son los patrones en mi vida de vida egocéntrica y autosuficiente enterrada tanto profunda y entrelazada en mi alma tan a fondo que son necesarias tales medidas radicales para erradicarlos? Parece que sí. Si tu amor significa que no escaparé de la disciplina, entonces por favor concédeme la gracia de soportarla, aunque sé que no la disfrutaré. Sé en el fondo de mi corazón que vale la pena todo. Amén.

DÍA 39

VIVIENDO LA VIDA DE "GRACIA-DESCANSO"

Permanecer en Cristo o «hacer tu hogar» en Cristo es, en esencia, de lo que se trata la vida de «gracia y descanso». Él está en nosotros, y nosotros estamos en él. Hay una unión muy real pero muy misteriosa entre nosotros. De alguna manera, es como enchufar una lámpara a la toma de corriente. Nada parece diferente entre una lámpara que está enchufada y una que no lo está hasta que enciende la lámpara enchufada. Entonces, de repente, la luz se enciende e ilumina y alegra toda la habitación porque está conectada a una inmensa red eléctrica que no se puede ver. Aceptar a Cristo como nuestro salvador es como enchufar la lámpara, y entrar en la vida de «reposo de gracia» es como decidir encender esa lámpara y permitir que nuestra luz, realmente su luz, brille a través de nosotros en un mundo oscuro.

En Juan 15, Jesús usó la analogía del cultivo de uvas para explicarlo. Él es la vid, y nosotros somos los sarmientos. Permitir que su vida se derrame en nosotros como el alimento que viene a través de la vid a la rama para que pueda dar fruto es de lo que se trata la vida en Cristo. Así es como se supone que se debe vivir la vida.

Creo que hay dos partes muy importantes pero distintas de vivir la vida de «reposo de gracia» de permanecer en Cristo. La primera parte es de lo que hemos estado hablando hasta ahora esta semana: llegar al punto de quebrantamiento en el que dejamos de vivir con nuestra propia fuerza y voluntad y nos rendimos a Cristo como nuestro señor y vida. Eso es lo que Pablo tenía en mente cuando escribió:

> «Por lo tanto, hermanos, tomando en cuenta la misericordia de Dios, ruego que cada uno de ustedes, en adoración espiritual, ofrezca su cuerpo como sacrificio vivo, santo y agradable a Dios». (Romanos 12:1)

Es interesante que esta entrega sea de nuestros *cuerpos*. Todo lo que hacemos en este mundo, ya sea bueno o malo, involucra a nuestros cuerpos.

Primero le entregamos nuestros cerebros (es decir, nuestras mentes, incluyendo todos nuestros recuerdos, esperanzas, sueños, planes, conocimientos, sabiduría, actitudes, emociones, etcétera) a él. Tomamos la decisión de poner nuestra mente en lo que es verdadero, honorable, recto, puro, amable, de buena reputación, excelente y digno de alabanza (Filipenses 4:8).

Nótese que Dios no nos da legalmente la lista de los libros, revistas, películas, programas de televisión, música, videos, juegos de computadora o sitios web «buenos, malos, peores» o sitios web para que los sigamos rígidamente. De todos modos, la lista estaría desactualizada incluso antes de que se publicara. Pero Dios nos da principios por los cuales podemos discernir con su sabiduría de qué ser parte y de qué alejarnos.

Entregamos nuestros ojos y oídos para mirar y escuchar las cosas que lo honrarán y nos beneficiarán.

Entregamos nuestras bocas para que «no salga de vuestra boca ninguna palabra mala, sino solo la que sea buena para edificación, según la necesidad del momento, para que imparta gracia a los que escuchan» (Efesios 4:29, LBLA).

Entregamos nuestras manos, todo lo que tocamos y hacemos, para que lo que hagamos sea para la gloria de Dios (1 Corintios 10:31).

Entregamos nuestros pies, todos los lugares a los que vamos. Ya no es «mi voluntad» sino «hágase tu voluntad».

Y así sucesivamente. Te haces una idea.

Cada lugar donde cedes el control, invita a la presencia y al poder del Espíritu Santo para llenar ese lugar vacío. Al hacerlo, entrarás por fe en la vida de «gracia y reposo» de permanecer en Cristo.

Pero ¿cómo te quedas allí? ¿Cómo creces en la gracia y el conocimiento de nuestro Señor y Salvador Jesucristo (2 Pedro 3:18)? ¿Cómo te fortaleces en la gracia que es en Cristo Jesús (2 Timoteo 2:1)?

Eso nos lleva a la segunda parte de la vida de «reposo de gracia». Una vez que hemos elegido entrar en ese lugar de rendición, aprendemos a vivir día a día en una relación duradera con Jesús.

Es como estar casado. Recuerdo el 12 de agosto de 1989, cuando le di el «sí, quiero» a Shirley Grace. En ese momento estaba legalmente casado, y el matrimonio se consumó poco después. El 13 de agosto de 1989, cuando nos fuimos de luna de miel a Jamaica, no podríamos haber estado más casados.

La ceremonia de la boda es como la primera parte de esta vida de «gracia y descanso». Después de pasar por mi propia gimnasia mental y emocional sobre casarme o no casarme, me rendí al llamado al matrimonio y entré en esta relación con Shirley, por fe.

Pero para ser perfectamente honesto, al principio, estar casado parecía un poco incómodo. Se sentía raro tener que decirle a dónde iba. Ya no podía volar por mi cuenta. Eso no se sentía como libertad. Me llevó algún tiempo sentirme cómodo viviendo juntos. Tuve que compartir mi dinero con ella. Eso no parecía justo. También nos llevó algún tiempo sentirnos cómodos durmiendo juntos. ¡Descubrí que roncaba! Oye, eso no estaba en el contrato, ¿verdad? (Para ser justos, dice que hago un extraño ruido de resoplido cuando duermo).

Si estás casado, sabes de lo que estoy hablando. Una cosa es estar casado. Otra cosa muy distinta es aprender a vivir casado y disfrutar de la unidad y la libertad de esa unión.

Es lo mismo con nuestra relación con Cristo. Se necesita tiempo para conocerse y empezar a sentirse cómodos juntos. Por supuesto, él no tiene ningún problema en entendernos y relacionarse con nosotros. Todo el aprendizaje y el crecimiento están de nuestro lado.

Ahora podría recitar las diez cosas que debes hacer para permanecer en Cristo y crecer en gracia, y eso funcionaría casi tan bien como alguien recitando las diez cosas que debería hacer para conocer mejor a Shirley. Quiero decir, habría algún beneficio, pero la relación de cada uno con Cristo, al igual que cada relación matrimonial, es diferente.

Esa es una de las cosas realmente hermosas y aventureras de entrar en la vida de «reposo de gracia» de permanecer en Cristo. ¡Te estás rindiendo al Creador infinitamente creativo del universo que te conoce por dentro y por fuera y que entiende exactamente cómo relacionarse contigo, y cómo fuiste diseñado para relacionarte con él!

Una cosa es claramente importante: Jesús y tú necesitáis pasar tiempo juntos. Querrás escuchar lo que él tiene que decirte, y él está esperando ansiosamente escuchar lo que tú tienes que decirle. A medida que crezcas en tu amor por él y observes todas las formas asombrosas en que él te provee y te protege, no podrás dejar de alabarlo y adorarlo.

Si tiendes hacia el lado muy activo y orientado a las tareas de la vida, y esperar y escuchar a Dios te parece problemático, la siguiente historia de la vida de Jesús podría serte útil.

> «Mientras iban ellos de camino, Él entró en cierta aldea; y una mujer llamada Marta le recibió en su casa. Y ella tenía una hermana que se llamaba María, que sentada a los pies del Señor, escuchaba su palabra. Pero Marta se preocupaba con todos los preparativos; y acercándose a Él,

le dijo: Señor, ¿no te importa que mi hermana me deje servir sola? Dile, pues, que me ayude. Respondiendo el Señor, le dijo: Marta, Marta, tú estás preocupada y molesta por tantas cosas; pero una sola cosa es necesaria, y María ha escogido la parte buena, la cual no le será quitada». (Lucas 10:38-42)

María escuchaba la palabra de Dios pronunciada por Jesús, la palabra de Dios mismo. Marta estaba tan absorta en la cocina que se perdió lo mejor, sentarse a los pies de Jesús. Sin que Jesús esté físicamente cerca para enseñarnos, la mejor manera de escucharle ahora es leyendo su palabra, la Biblia. Y la oración es nuestro principal medio para hablar con él. Tendrás muchas preguntas que hacerle sobre cómo vivir la vida. Él tiene todas las respuestas. Convierte tus preguntas en oraciones y espera expectante a que él guíe y dirija tus pasos.

Aunque Jesús ciertamente te guiará a caminar en las buenas obras que él ha creado para que las hagas (Efesios 2:10), no caigas en la trampa en que cayó Marta, estando tan ocupada sirviendo a Jesús, que te pierdas la oportunidad de buscarlo.

Apuntalando tu relación con Jesús en la vida de «reposo de gracia» está el conocimiento de que en Cristo eres incondicional y perfectamente amado, totalmente aceptado, completamente seguro e inconmensurablemente significativo. ¡Nunca será demasiada la frecuencia con la que vuelvas a estas verdades!

Ayer nos preguntamos si todo esto realmente vale la pena. Y lo que dije es cierto: cada uno de nosotros tiene que luchar con esa pregunta y encontrar su propia respuesta. Pero decidí ser un poco más amable y no dejarte colgado. Terminaremos nuestros cuarenta días mañana proporcionando algunas ideas que pueden ayudarte a responder esa pregunta.

PIENSA Y PROCESA:

Una vez que entramos en la vida de «reposo de gracia», entonces necesitamos aprender cómo crecer en gracia, permaneciendo en Cristo.

RECUERDA ESTA VERDAD:

«... pero solo una es necesaria. María ha escogido la mejor y nadie se la quitará». (Lucas 10:42)

PREGUNTAS PARA REFLEXIONAR:

¿Cuáles son algunas formas creativas que se te ocurren para conocer mejor a Jesús y crecer en su gracia? Si estás luchando, pídele a Dios que te ayude. Piensa en cosas que te den una sensación de alegría y libertad en lugar de un sentido de obligación o deber.

HABLA CON DIOS:

Padre misericordioso, solo quiero tomarme un momento para decir gracias. Gracias por tu paciencia conmigo. Gracias por tu amor que me atrae. Gracias por todas tus misericordias que me hicieron saber que rendirme a ti es lo correcto y seguro. Gracias por perdonarme y darme vida cuando no lo merecía. De hecho, me merecía exactamente lo contrario. Gracias por enviar a Jesús cuando hubieras sido perfectamente justo al dejarnos pudrir aquí en la tierra en nuestra rebelión y pecado. Gracias por darme el Espíritu Santo, quien me está transformando lenta, pero de forma segura en una «persona de gracia». A veces no puedo creer que todo esto sea real y que no vaya a despertar decepcionado un día para descubrir que fue solo un sueño. No. Tú eres real, y el cielo es real, y todo lo bueno que estás haciendo en mi vida también es real.
¡Gracia asombrosa! Gracias. Amén.

DÍA 40

¿REALMENTE VALE LA PENA?

Al terminar estos cuarenta días de mirar la asombrosa gracia de Dios, es posible que te estés haciendo la pregunta, si no en voz alta, tal vez en lo profundo de tu corazón: «¿Realmente vale la pena caminar con Jesús? ¿Vale la pena la vida de reposo y gracia de rendirse a Cristo? y ¿vale la pena permanecer en él durante todo el cincelado que el Señor tiene que hacer en nuestras vidas para llevarnos a ese lugar de humildad y mantenernos allí?».

Si estás haciendo esa pregunta tan honesta, podría ser que estés pasando por un período realmente difícil en tu vida en este momento. El concepto de sufrimiento no es en absoluto teórico para ti. Es la realidad desagradable que se apresura a recibirte por la mañana con su dolor retorcido, y es tu último pensamiento consciente mientras te duermes de forma intermitente en algún momento de la noche, suponiendo que seas capaz de dormir en absoluto.

Si esa es tu situación, espero sinceramente que Dios te haya traído alguna medida de consuelo en las páginas de este devocional. En medio del dolor, es sabio recordar que Dios sigue siendo bueno y, sí, él es misericordioso. Es fácil olvidar que todavía hay colores vivos en el mundo cuando la vida avanza en un gris apático.

Ruego que no estés pasando solo por tu tiempo de prueba. Incluso Jesús llevó a Pedro, Santiago y Juan con él al huerto de Getsemaní. Anhelaba la compañía humana en su hora más oscura. Es una necesidad que todos tenemos como seres humanos.

O podría ser que estés haciendo la pregunta de este capítulo por curiosidad nerviosa. Eres relativamente nuevo en la fe cristiana, y te asusté un poco el día 38. Si eso sucedió, lo siento. Esa no era mi intención en absoluto. Solo estaba tratando de ayudar a un pasajero más nuevo en este accidentado viaje con Jesús a prepararse para un poco de aire agitado por delante. ¿Se podría decir que estoy escribiendo esto en un vuelo de una aerolínea?

La pregunta sigue sobre la mesa: ¿Realmente vale la pena?

Ciertamente, Satanás gritaría su respuesta en nuestras mentes de que Dios es cruel e indiferente y frío e incluso abusivo, y por eso dice: «Es mucho mejor que vivas por tu cuenta, cuidándote a ti mismo, cuidándote las espaldas. Realmente no puedes confiar en que Dios tenga tus mejores intereses en el corazón». Sospecho que fue él quien movió los hilos de las cuerdas vocales de la esposa de Job cuando, después de que ese pobre hombre perdió todo lo que era querido para él, ella exclamó:

> «¿Todavía mantienes firme tu integridad? ¡Maldice a Dios y muérete!» (Job 2:9).

Las valientes palabras de Job, en medio de un dolor casi increíble, atraviesan la oscuridad demoníaca y nos iluminan a nosotros también:

> «Mujer, hablas como una necia. Si de Dios sabemos recibir lo bueno, ¿no sabremos recibir también lo malo? A pesar de todo esto, Job no pecó ni de palabra». (Job 2:10)

Una cosa que es instructiva (¡y hay muchas más!) sobre el libro de Job es que está claro que el hombre, mientras pasaba por su sufrimiento, no tenía ni idea de por qué estaba sucediendo. Más tarde, Dios le reveló que era parte de una batalla espiritual cósmica entre el diablo y Dios mismo. Aparentemente, para que el mal fuera derrotado, Job tuvo, al menos temporalmente, que ser mantenido en la oscuridad con respecto a la pregunta «¿por qué?».

Y esta es la razón por la que el sufrimiento puede ser tan duro. Nuestras vidas son una película de larga duración o una novela larga. Dios es el productor y el autor de nuestra historia, y nuestro sufrimiento es como una escena de la película o una página o capítulo del libro. Si miráramos esa imagen o leyéramos esas palabras fuera de su contexto completo, sin conocer el final de la historia, podríamos desesperarnos fácilmente. En última instancia, el sufrimiento no tiene sentido aparte de Dios, y muchas veces luchamos por encontrarle sentido incluso cuando *estamos* siguiendo a Dios.

Pero por difícil que pueda ser el camino de Jesús, y por mucho que anhelemos respuestas a nuestras preguntas, al final es mejor conocer a Dios que saber por qué.

Mientras lucho con la pregunta de este capítulo por mí mismo, se me ocurre que las personas que pueden dar la mejor respuesta no son las que están en medio del sufrimiento, sino las que lo han superado. Es mejor preguntarle si el dolor valió la pena a una madre que sostiene a su recién nacido en brazos, en lugar de preguntárselo a esa misma mujer varias horas antes, en medio de una contracción insoportable.

Como hombre, no puedo experimentar esos extremos del parto. Pero como esposo y padre he visto ambos. Y tal vez la respuesta a la pregunta de hoy se pueda encontrar en ese marcado contraste.

Ciertamente, no ha habido nadie que haya experimentado más tristeza y sufrimiento que nuestro Señor Jesús, y, sin embargo, la escritura dice:

> «..., despojémonos de todo peso y del pecado que nos asedia y corramos con perseverancia la carrera que tenemos por delante. Fijemos la mirada en Jesús, el iniciador y perfeccionador de nuestra fe, quien por el gozo que le esperaba,

> soportó la cruz, menospreciando la vergüenza que ella significaba, y ahora está sentado a la derecha del trono de Dios. Así, pues, consideren a aquel que perseveró frente a tanta oposición por parte de los pecadores, para que no se cansen ni pierdan el ánimo».
> (Hebreos 12:1b-3)

Ahí está. ¿Lo viste? Es fácil saltarse la palabra, pero está ahí: gozo. La alegría es lo que nos da la capacidad de soportar el sufrimiento. Hay al menos seis aspectos de la alegría que vienen en medio de nuestro dolor y como resultado de él. Se han escrito libros enteros sobre el sufrimiento, pero aquí sólo tenemos tiempo para considerar brevemente estos profundos temas.

¿Qué tipo de gozo se puede encontrar en medio del dolor?

En primer lugar, está el gozo de la cercanía a Dios, en cuya presencia está la plenitud del gozo (Salmo 16:11). C. S. Lewis sabía de lo que estaba hablando en *El problema del dolor* cuando escribió: «Podemos ignorar incluso el placer. Pero el dolor insiste en ser atendido. Dios nos susurra en nuestros placeres, habla en nuestra conciencia, pero grita en nuestros dolores: es su megáfono para despertar a un mundo sordo».[3]

Aquellos que han pasado por un sufrimiento intenso y han experimentado la asombrosa cercanía de Dios en medio de ese dolor, se apresuran a decir que no se habrían perdido esa etapa de la vida por nada. Solo aquellos que han caminado por ese camino conocen la verdad de su testimonio.

En segundo lugar, está el gozo que viene después del sufrimiento a medida que somos hechos más como Cristo. Hebreos 12:11 dice:

> «Ciertamente, ninguna disciplina, en el momento

---

[3]. C.S. Lewis, The Problem of Pain, (El Problema del Dolor) (New York: HarperCollins 2001), 88–89.

de recibirla, parece agradable, sino más bien dolorosa; sin embargo, después produce una cosecha de justicia y paz para quienes han sido entrenados por ella».

Para aquellos que anhelan entrar en la vida de «gracia-descanso», de esto se trata. No hay ningún costo que el corazón buscador no pueda soportar para llegar a ser como su Señor.

En tercer lugar, uno puede encontrar el gozo de ver a Dios tocar poderosamente las vidas de quienes nos rodean mientras soportamos pacientemente el sufrimiento que él ha ordenado para nosotros. El apóstol Pablo habló de la belleza de esta misteriosa dinámica dadora de vida cuando escribió:

> «Dondequiera que vamos, siempre llevamos en nuestro cuerpo la muerte de Jesús, para que también su vida se manifieste en nuestro cuerpo. Pues a nosotros, los que vivimos, siempre se nos entrega a la muerte por causa de Jesús, para que también su vida se manifieste en nuestro cuerpo mortal. Así que la muerte actúa en nosotros y en ustedes la vida. (2 Corintios 4:10-12)

En cuarto lugar, también está el gozo de experimentar el honor de sufrir por el nombre de Cristo. Después de que los apóstoles fueron arrestados y ordenados por el Concilio Judío a no predicar más acerca de Jesús, los líderes judíos los azotaron y luego los dejaron ir. Habría estado en mi teléfono celular llamando al 112 para que me llevaran en ambulancia a la sala de emergencias. Pero no ellos, «...los apóstoles salieron del Consejo, llenos de gozo por haber sido considerados dignos de sufrir afrentas por causa del Nombre [el de Jesús]». (Hechos 5:41).

En quinto, está la perspectiva del gozo en la emoción de experimentar la intervención directa de Dios en medio del sufrimiento, ya sea al ser sanado, ser rescatado, o incluso al ser introducido en la eternidad. Pedro escribió:

> «Luego de que ustedes hayan sufrido un poco de tiempo, Dios mismo, el Dios de toda gracia que los llamó a su gloria eterna en Cristo, los restaurará y los hará fuertes, firmes y estables. A él sea el poder por los siglos de los siglos. Amén». (1 Pedro 5:10-11)

Sexto, (y estoy seguro de que hay muchos más que podrían mencionarse), no podemos olvidar la alegría de ver a Jesús cara a cara y ser elogiados por él por una vida bien vivida.

> «Su señor respondió: "¡Hiciste bien, siervo bueno y fiel! En lo poco has sido fiel; te pondré a cargo de mucho más. ¡Ven a compartir la felicidad de tu señor!"». (Mateo 25:21)

De esto, solo aquellos que han pasado por esta vida de sufrimiento y, sin embargo, han elegido caminar con Cristo, pueden dar testimonio. Pablo, quien sufrió mucho y, sin embargo, eligió caminar con Cristo, fue inspirado a darnos estas palabras para sostenernos, fortalecernos y animarnos durante los días oscuros:

> «De hecho, considero que en nada se comparan los sufrimientos actuales con la gloria que habrá de revelarse a nosotros». (Romanos 8:18)

Y yo le creo.

Así que aquí estamos al final de este breve descubrimiento y viaje en la gracia. Terminaremos este último día de manera diferente a los otros treinta y nueve. Todavía tendremos un lugar para el «Piensa y procesa», «Recuerda esta verdad» y «Habla con Dios», pero los dejamos en blanco para que tú los rellenes. Será bueno que expreses tu corazón sin que nadie te lo pida aquí.

Supongo que lo que estoy diciendo es que, como dijimos al principio, es hora de decidir si caminar o volar. La invitación de Jesús al cambio está aquí. ¿Lo aceptarás?

En cuanto a la «Reflexiona», es la misma que Jesús hizo a los apóstoles después de haber dado una dura enseñanza y muchos de sus discípulos se fueron y dejaron de caminar con él.

> «Así que Jesús preguntó a los doce: —¿También ustedes quieren marcharse?». (Juan 6:67)

Es una pregunta inquisitiva, ¿no crees?

Mi ferviente oración y esperanza es que respondas de todo corazón con el apóstol Pedro:

> «—Señor —contestó Simón Pedro—, ¿a quién iremos? Tú tienes palabras de vida eterna. Y nosotros hemos creído, y sabemos que tú eres el Santo de Dios». (Juan 6:68-69)

Ese mismo Pedro, años más tarde, al concluir su primera carta inspirada a sus hermanos y hermanas en Cristo que estaban sufriendo y esparcidos por toda Asia, escribió en 1 Pedro 5:12:

> «Con la ayuda de Silvano, a quien considero un hermano fiel, he escrito brevemente para animarlos y confirmarles que esta es la verdadera gracia de Dios. Manténganse firmes en ella».

Eso es lo que he tratado de hacer durante estos cuarenta días, aunque obviamente la única parte inspirada de este libro es lo que se ha citado de la palabra de Dios.

Que la gracia y la paz del Señor estén con ustedes mientras continúan fortaleciéndose en la gracia que es en Cristo Jesús. Esta es la verdadera gracia de Dios. ¡Mantente firme en ello!

PIENSA Y PROCESA:

(escríbelo tu)

RECUERDA ESTA VERDAD:

(escríbelo tu)

REFLEXIONAR:

«Así que Jesús preguntó a los doce: —¿También ustedes quieren marcharse?». (Juan 6:67)

HABLA CON DIOS:

Amén.

PALABRAS FINALES

En Cristo, somos los beneficiarios totalmente inmerecidos, pero increíblemente privilegiados de la asombrosa gracia de Dios. Efesios 1:8, RV60 usa la palabra «sobreabundar» para describir a Dios derramando su gracia de manera generosa, abundante, exuberante y extravagante sobre nosotros. No es una llovizna; es un diluvio. Y durante estos cuarenta días hemos tratado de tomarte de la mano, sacarte de la cueva de la tristeza seca y religiosa y correr alegremente contigo a través de la lluvia.

Ahora que los cuarenta días de «lluvia» han terminado, ¿qué sigue?

Espero que te estés haciendo esa pregunta. Es la pregunta correcta.

¿Qué es lo próximo? Más gracia. Juan 1:16 dice de Jesús:

«De su plenitud todos recibimos gracia sobre gracia».

Gracia sobre gracia sobre gracia sobre gracia... Nunca se detiene. Y felizmente pasaremos el resto de nuestros días en la tierra, y una eternidad en el cielo, contemplando con asombro las maravillas de Dios y su bondad para con nosotros, «para alabanza de su gloriosa gracia, que nos concedió en su Amado [Jesús]» (Efesios 1:6).

Está bien, eso es genial, pero ¿hay algo más? De hecho, lo hay. Algo realmente enorme.

Así como en algún lugar, de alguna manera, el mensaje de la gracia de Dios en verdad fue traído a ti y a mí, tenemos la increíble oportunidad de difundir estas buenas nuevas a otros que aún no han salido de sus cuevas. La mayoría ni siquiera se da cuenta de que hay otro lugar para vivir. Pablo habló sobre la difusión del evangelio en Colosenses 1:3-6:

> «Siempre que oramos por ustedes, damos gracias a Dios, el Padre de nuestro Señor Jesucristo, pues

> hemos recibido noticias de su fe en Cristo Jesús y del amor que tienen por todos los creyentes a causa de la esperanza reservada para ustedes en el cielo. De esta esperanza ya han sabido por la palabra de verdad, que es el evangelio que ha llegado hasta ustedes. Este evangelio está dando fruto y creciendo en todo el mundo, como también ha sucedido entre ustedes desde el día en que supieron de la gracia de Dios y la comprendieron plenamente».

Verás, Dios está tramando algo, y es tan grande que luchamos por entenderlo. Él está llevando el tiempo, la vida y todo en este planeta y más allá a una conclusión asombrosa. A pesar de lo poco que la mayoría de la gente piensa en Jesús, especialmente aquí en Occidente, todo esto va a cambiar. Justo después de que el apóstol Pablo hablara de cómo Dios ha prodigado gracia sobre nosotros, escribió:

> «la cual Dios nos dio en abundancia con toda sabiduría y entendimiento. Él nos hizo conocer el misterio de su voluntad conforme al buen propósito que de antemano estableció en Cristo, para llevarlo a cabo cuando se cumpliera el tiempo, esto es, reunir en él todas las cosas, tanto las del cielo como las de la tierra». (Efesios 1:8-10)

Un día, Jesús será el centro del escenario en el universo. Todo apuntará hacia él. Cada mente estará pensando en él. Todas las bocas hablarán de él. Cada corazón luchará con qué hacer con él. Cada persona se verá obligada a enfrentarlo. Él será revelado en una gloria tan deslumbrante que cada uno se quedará boquiabierto ante su aparición. Y entonces toda rodilla se doblará y toda lengua confesará que Jesucristo es el Señor, para gloria de Dios el Padre (Filipenses 2:10-11).

Ese momento está llegando.

Entonces, ¿cuál es nuestro papel de aquí a entonces? Básicamente, debemos ser como el vendedor de perió*dicos en la calle* *proclamando la última historia: ¡Extra! ¡Extra! ¡Léelo todo!* Aunque no estemos literalmente gritando en la calle, estamos llamados a ser heraldos, mensajeros, proclamadores del evangelio.

Se nos han dado noticias de gracia, no para que nos las guardemos para nosotros mismos, sino para que las compartamos, para que las transmitamos a los demás. Esta es una noticia emocionante. De hecho, es *¡la noticia más emocionante!* Aunque no nos demos cuenta, hay personas a nuestro alrededor a las que Dios quiere dar libremente algo que no merecen y que no pueden inventar por sí mismas, pero que necesitan desesperadamente: el evangelio.

Y tú y yo tenemos que decírselo. Estoy seguro de que los ángeles desearían tener este trabajo, pero su papel es en realidad proporcionar apoyo táctico detrás de escena mientras lo hacemos.

Se nos ha dado una gracia increíble para que la transmitamos a los demás. Es como una carrera de relevos. Jesús primero trajo las buenas nuevas y pasó el testigo a los apóstoles, quienes lo pasaron a otros y éstos a su vez a otros más. Finalmente nos llegó a ti y a mí. Esa carrera aún no ha terminado, y ahora es nuestro turno de transmitir este mensaje vivificante de la gracia de Dios a las personas que nos rodean.

¡Corre bien!

> «Por tanto, también nosotros que estamos rodeados de una nube tan grande de testigos, despojémonos de todo peso y del pecado que nos asedia y corramos con perseverancia la carrera que tenemos por delante. Fijemos la mirada en Jesús, el iniciador y perfeccionador de nuestra fe, quien por el gozo que le esperaba, soportó la cruz, menospreciando la vergüenza que ella significaba, y ahora está sentado a la derecha del trono de Dios. Así, pues, consideren a aquel que perseveró frente a tanta oposición por parte de los pecadores, para que no se cansen ni pierdan el ánimo». (Hebreos 12:1-3)

Finalmente, es bueno saber que, a pesar de que la gracia de Dios nunca se agotará, sino que nos llevará a nuestro último aliento aquí en la tierra, hay una gracia futura que nos espera. Es la gracia de la eternidad con nuestro Señor Jesús, y es, con toda seguridad, nuestra en Cristo, sin importar las dificultades y la miseria que la vida en este planeta nos depare. Nuestra esperanza debe estar en última instancia en esa gracia futura. El apóstol Pedro sabía de lo que estaba hablando cuando escribió:

> «Por eso, dispónganse para actuar con inteligencia; tengan dominio propio; pongan su esperanza completamente en la gracia que se les dará cuando se revele Jesucristo». (1 Pedro 1:13)

Se avecinan tiempos difíciles para todos nosotros. Pero para aquellos de nosotros que estamos en Cristo, esos tiempos son temporales y no son dignos de ser comparados con la gloria que será revelada (Romanos 8:18). ¿Cómo puedo ser tan optimista? Simplemente porque Jesús prometió hacer nuevas todas las cosas. Él está en su trono en el cielo, él está a cargo, y sus palabras son confiables y verdaderas (Apocalipsis 21:5). Por lo tanto, podemos descansar en ellas. Puedes descansar en ellas.

> «Oí una potente voz que provenía del trono y decía: "¡Aquí, entre los seres humanos, está el santuario de Dios! Él habitará en medio de ellos y ellos serán su pueblo; Dios mismo estará con ellos y será su Dios. Él enjugará toda lágrima de los ojos. Ya no habrá muerte ni llanto, tampoco lamento ni dolor, porque las primeras cosas han dejado de existir"». (Apocalipsis 21:3-4)

> «Que la gracia del Señor Jesús sea con todos. Amén». (Apocalipsis 22:21)

RECONOCIMIENTOS

Cuando llegó el momento de escribir este libro, me basé en mi propia relación con Dios, pero también hay muchas cosas aquí que no se me habrían ocurrido por mi cuenta. Ciertamente se requería mucha gracia para escribir un libro sobre la gracia, y una gran parte de esa gracia vino a través de otros.

Primero, gracias a Neil Anderson, quien me ayudó a escribir libros para Ministerio Libertad en Cristo a principios de los 90. La obra de su vida en Cristo llenó muchas piezas que a mí me faltaban, y me dio algo sobre lo que vale la pena escribir. Gracias, Neil, por ayudarme a respirar aire más fresco y caminar sobre tierra más sólida.

En segundo lugar, muchas felicitaciones a mi colega Paul Travis, quien valientemente desnudó su corazón y su alma en el libro *La gracia que rompe las cadenas*, que se convirtió en el origen de «El Curso de la Gracia» y, finalmente, de este libro.

En tercer lugar, quiero decir un gran «¡gracias!» a mi amigo cercano y hermano, Steve Goss. Su invitación a participar en la primera versión del proyecto «El Curso de la Gracia» fue característica de su vida desinteresada y su estilo de ministerio. El mundo es un lugar más libre gracias a ti, hermano, aunque tus chistes sigan siendo horribles.

Finalmente, quiero hacerle saber a mi familia: Shirley, Michelle (y su esposo Shane y su hijo, Cason), Brian (y su esposa, Araca y su hija, Edén), Emily (y su esposo James) y Joshua Luke, que son un regalo de Dios y que me dan mucha más energía de lo que nunca sabrán. Que cada uno de vosotros sea verdaderamente fuerte en la gracia que es en Cristo Jesús. ¡No hay otra forma de volar!

SOBRE EL AUTOR

Rich Miller actualmente se desempeña como misionero en una asignación especial con el departamento de Atención Global a los Miembros de TEAM (La Misión de la Alianza Evangélica). Este papel implica mentoría, enseñanza, desarrollo curricular y oración por los trabajadores globales de TEAM.

Sirvió con la Cruzada Estudiantil para Cristo (ahora llamada CRU) de 1976 a 1993, principalmente en el ministerio juvenil. Durante sus años con CRU, ministró a los jóvenes en Estados Unidos y capacitó a otros miembros del personal para trabajar con jóvenes; estuvo a cargo del ministerio CRU en Filipinas; y viajó durante un año con el autor y orador Josh McDowell.

Rich se unió al Ministerio Libertad en Cristo en 1993 y se desempeñó como presidente de Libertad en Cristo EE.UU. durante 13 años. Es un apasionado de ver despertar a la iglesia en Estados Unidos, y es autor o coautor de 25 libros y manuales de discipulado, entre ellos *Dejando ir el temor*, *Manejando tu ira*, *Gracia que rompe las cadenas*, *Caminando en libertad* y la serie: *Desatascados, intrépidos y desenterrados*. También es autor de *To My Dear Slimeball (A mi querido baboso)*, una versión juvenil del clásico de C.S. Lewis *Cartas del diablo a su sobrino*.

Rich encabezó el desarrollo de la estrategia del Ministerio de Libertad Comunitaria basada en el voluntariado de FICM-USA y supervisó el desarrollo y crecimiento del Instituto de Capacitación en Línea CFM University. También se desempeñó como Presidente Internacional de la FICM, ayudando a supervisar la integridad y la expansión del mensaje y el Ministerio de Libertad en todo el mundo.

Rich obtuvo una Licenciatura en Ciencias en Meteorología en la Universidad Estatal de Pensilvania (1976), una Maestría en Apologética Cristiana de la Universidad Simon Greenleaf (1986) y una Maestría en Consejería Cristiana en el Seminario Luther Rice en Atlanta (2007).

Vive con su esposa, Shirley, en las montañas del oeste de Carolina del Norte. Tienen cuatro hijos adultos jóvenes (uno de los cuales fue adoptado en Tailandia) y dos nietos.